WORK&LIFE SHIFT

40代がうまくいく人の戦略書

藤井孝一

Koichi Fujii

三笠書房

はじめに

40代に入ると、「仕事の質」が明らかに変わります。**「求められること」が一変する、**といってもいいでしょう。

職場では責任が重くなり、自分の仕事だけをしていればいいという状況ではなくなります。役職についている人なら「プレイングマネジャー」としての役割を求められるでしょう。

これからは、30代の延長線上では通用しなくなるのです。

だから、「ワーク・シフト」「ライフ・シフト」が必要です。

自分の仕事のやり方、働き方、生き方を変化させる、あるいは進化させる戦略が求められます。

「**戦略**」と聞くと、転職や起業というドラスティックなものをイメージする人もいるでしょう。

それもひとつの理想的な戦略ではありますが、本書では、いまの職場にいながら、いまの環境にありながら、さらなる成長・飛躍を遂げるための具体策を考えるのが基本スタンスです。つまり、いまの自分の**仕事のやり方や働き方、生き方を「変化」させるというより、むしろ「進化」させるための方法を考えるのが目的**といっていいでしょう。

「40代にふさわしい資質、能力とはなにか」

「これからどんな人材が生き残っていけるのか」

「本当のリーダーの役割とはなにか」

「会社組織とどういう関係を築くべきか」

「10年後、20年後の生活をどう描くべきか」

……といった視点から、現実的かつ地に足のついた「40代がうまくいく人の戦略」を考えていきたいと思います。

40代は、プライベートでもさまざまな問題が一気に押し寄せてくる年代です。

子どもの教育に頭を悩ませる機会が多くなります。親の介護の問題も避けては通れません。住宅ローンなどのお金の問題もあるでしょう。

この年代で、それらの諸問題にうまく対応していくことが、この先の人生を幸福に生きることにつながるのだと私は思います。

そう考えると、40代はとても忙しい年代といえます。これまでバリバリ働いてきたのだから、これからはちょっとラクしよう、などと考えている暇はないでしょう。

本書で提案する「戦略」は、のんびり、ゆっくり生きるためのものではありません。

人生をより力強く、快調に走り続けていくための戦略です。

仕事やプライベートのさまざまな問題とうまくつきあいつつ、40代にふさわしい、そして40代に求められる方向にシフト・チェンジすることができれば、まさに40代は、ビジネスパーソンとして最も脂の乗り切った時期になることは間違いありません。

さあ、いますぐ動き出しましょう。

藤井孝一

Contents

2章

「かけ算」で人脈を増やす
――つきあう人を〝固定化〟してはいけない

3章

次の「上のポジション」を狙う
——40代でさらに伸びる人、ここで止まる人

4章

「悪しき習慣」を断ち切る

——この「40代の慢心」を知っておく

5章 10年後の「設計図」を描く
——貯金、投資、起業……いまやるべきこと

編集協力／大畠利恵
本文ＤＴＰ／株式会社Ｓｕｎ Ｆｕｅｒｚａ

1章

仕事を〝進化〟させる

——40歳からは、「できる人」の条件が変わる

STRATEGY

1

40代に求められるワーク・シフト

「インプット」から「アウトプット」へ

私は起業家を目指す人向けのコンサルタントをしているので、40代のビジネスパーソンからよく相談を受けます。

大手企業で働いていて、それなりの役職についているビジネスパーソンも相談に訪れます。将来安泰だと世の中に思われているような人たちです。

彼らは、深刻そうな顔でこう聞くのです。

「藤井さん、これからどんな勉強をすれば将来安泰でしょうか？」

将来が不安だ。なにか勉強しないと……。このような不安や悩みを打ち明ける40代のビジネスパーソンは、意外と多いのです。

私はそういうとき、こんなアドバイスをしています。

「もう勉強はやめたほうがいいんじゃないですか。もし、なにか行動を起こすのであれば、これまで勉強してきたことを活かすほうがいいと思いますよ」

日本人は根が真面目なせいか、「勉強」さえすれば大丈夫だと思っている節《ふし》があります。

かくいう私も、20代のころは、将来が不安で、資格を取ったり、英語を勉強したり、ビジネス書を読みあさったりと、〝スキルアップ星人〟でした。

とくにホワイトカラー層は、必死に受験勉強をして大学に入り、企業に就職しています。おまけに、たとえば銀行や保険会社の人たちは、昇進のときにも試験があるので、そこでまた勉強をしています。勉強、勉強で人生を切り開いてきたのです。

勉強さえすれば大丈夫だと思っているタイプは、不安になると勉強に走りがちなのです。効率のよい勉強の方法は心得ているので、難しい試験にも合格できます。頭がいいのは間違いないでしょう。

しかし、いくら勉強ができても、資格を持っていても、なにも行動を起こさない限り、宝の持ち腐れになってしまいます。

大学院を卒業した人に就職先がないことが、ここ数年問題になっています。高学歴でもいい仕事がなく、稼げないのなら、勉強や学歴が自分の身を守る手段ではないのだということが、わかるでしょう。

将来に対する漠然とした不安を抱えて、ビジネススクールに通っているビジネスパーソンも多いと聞きます。

それも大企業に勤めている、はたから見たら「勝ち組」のビジネスパーソンがほとんどなのです。

いまの時代は、MBA（経営学修士）でさえ、取得してもそれほど強みにならないことは、スクールに通っている当人たちもわかっているのではないでしょうか。MBAを取ったおかげで大出世できたという話は、日本ではそれほど多く聞きません。それでも勉強をしようとするビジネスパーソンがあとを絶たないのです。

■いままで「手に入れたもの」を最大限に活用していく

同じ勉強をするなら、いまの自分がいる業界について研究し、スペシャリストになれるようなレベルで学ぶほうが身になるのではないでしょうか。

伊藤忠商事の元会長である丹《に》羽《わ》宇《う》一郎《いちろう》氏は、次のようなことをいっています。

「**30代前半から40代前半までの10年間は、自分が関わっている仕事について日本一、いや世界一になるつもりで勉強すべきだ。**たとえば自動車業界にいるのなら、自動車と名のつく本はすべて買うぐらいの覚悟で勉強しなくてはならない」

当然、そこまでの勉強をした人なら、その分野について人に教えたり、文章を書いたりすることもできるはずです。それほどの知識がある人なら、どこの企業でも欲しがる人材になりそうです。

そう考えると、いまの自分の仕事について徹底的に勉強していない人は、「そこそこ」の人材にしかならないのではないでしょうか。

いまの仕事でなにもやりきっていないのに不安になって、他の勉強に逃げたところで、なんの解決にもならないと思います。

私はよく、「**いままで自分がやってきたこと、学んできたこと、経験してきたことに、もっと自信を持っていい**」と、ビジネスパーソンの方にアドバイスします。

これまで勉強してきたことを活かしたり、組み合わせたりすることで、なにか価値を生み出せないか、人の役に立てないか、稼ぎにつなげられないか、会社に貢献できないか——そのことをよく考えてほしいと思うのです。

40代では、「インプット」ではなく「アウトプット」することに仕事の発想をシフトしていくべきです。いま、自分のなかにある〝財産〟を見つめ直し、それを仕分けして、運用する方法を考える——。

40歳からのシフト・チェンジ戦略は、ここからスタートです。

STRATEGY 2

スペシャリストたれ

40代の武器となる〝かけ算〟で成果を出す力

40代は、個人の能力に加えて、「人とコラボレーションする力」も求められます。

20代、30代までは地道に1＋1＋1……と、実力も人脈も増やしていくしかないかもしれません。

しかし、40代は、いままでの経験から1の力で5や10の力を出せるような実力や人脈を持っているのではないでしょうか。

たとえば、1人で5人分の実力を持つ「専門家」と仕事をしたらどうでしょうか。出せる成果は一気に5倍に増えます。

さらにいうなら、自分も5人分の実力を持っているなら、5人の実力に匹敵する専門家と組めば5×5＝25の効果のある仕事ができます。

もし、自分に1の実力や人脈しかないのなら、いまからでも遅くはありません。自分の武器となる強みを、しっかり確立しておくべきです。

30代までは、いわばオールラウンドプレイヤーでよかったかもしれません。しかしそのままでは、専門性を持った人材が必要なプロジェクトなどで、お呼びはかからないでしょう。

40代は、スペシャリストにシフトしていかなくてはならない時期でもあるのです。

ここ数年、企業の垣根を超えてコラボレーションした商品やサービスを多く見かけるようになりました。

コラボレーションは、よく「かけ算」にたとえられます。かけ合わせた結果、生み出されたものが5にも10にも20にもなる。そんな効果が、コラボレーションには求められているのでしょう。

その効果を実現するためには、**専門性、特殊性を持ったプロフェッショナルがタッグを組むことが不可欠**です。

私も「週末起業」の専門家ということもあり、さまざまな相談を受けます。

たとえば、会員制サテライトオフィスを展開する、ある大手の不動産会社さんから、「平日の夜と休日を活性化するアイデアをいただけませんか?」と相談をされました。

そこで、週末起業を学びたい人向けの講座を開いてはどうかと提案したところ、この企画は実現し、わが社が週末起業家を目指す人向けの勉強会、交流会を担当することになりました。

大手不動産会社というハードを持った企業と、起業講座というソフトを持った私たちの会社がコラボすることで、生徒さんたちは快適な空間で起業について学べ、実際に起業したらそこをサテライトオフィスとして利用できるという魅力的な講座になりました。

このような5倍にも10倍にも効果が出るようなコラボが理想的ではないでしょうか。

たとえば、会社でプロジェクトチームが組まれる場合、部署を越えて人材が呼ばれることも多いでしょう。

「この課題の解決はあなたに任せるのが一番だ」「現場とのやりとりはあなたを窓口にするのがベストだ」と、そんな「声のかかる人」が、仕事で生き残っていける人なのです。

■「行動」さえ起こせば、誰もが「専門家」になれる

経営コンサルタントの大前研一氏は、次のような辛辣《しんらつ》な言葉を述べています。

「会社というのは『忙しい、忙しい』で40年経ってしまう不思議なところだ。会社のいうとおりにやっていると、なぜか毎日忙しい。20代でそういう流れに身を任せる人生を設計した人は、40歳くらいになった時点で会社のほうからお払い箱にされるだろう。なにも特徴がないからだ」

40代で、「これといった専門性のない人」は、そのまま消え去っていく運命なのかもしれません。

「専門性」といっても、なにか資格を取らなければならないというわけではありません。

私の知り合いは東南アジアが大好きで、仕事とは関係なく東南アジアにばかり旅行しています。

彼の話を聞くと驚きます。知らないことはないんじゃないかと思えるほど東南アジ

ア諸国についての知識がありますし、ときにはカメラを強奪されたり、危険な目にたくさん遭ったりしていますが、エピソードも豊富で、話が面白いのです。

もし、いま「東南アジアにオフィスを持ちたい。詳しい人いない？」と誰かに相談されたら、私は真っ先に彼を紹介するでしょう。

彼よりも東南アジアに詳しい人を私は知りません。それぞれの国にいるときの心構えから、それぞれの国の文化や人々の生活の仕方、実際の治安状況……など、彼しか知らない情報を持っています。

直接ビジネスにはつながらなくても、なにかしらに特化した知識やスキルを持っている人は強いのです。

自分がなにかの専門家になるためにも、会社以外の名刺をつくるのは、おすすめの方法です。

実際、ここ数年、勉強会や異業種交流会などで名刺交換をするときに、勤務先の名刺とは別に、自分で作成した「**第二の名刺**」を渡す人が増えているといいます。

この第二の名刺をつくるときのコツがあります。

・会社の肩書は書かない（聞かれれば答えればいい）。
・自分で肩書をつくる。「ワイン評論家」「野菜博士」……など。
・今後の目指している目標などを書いてもアピールになる。「ベジフルマイスタージュニアから野菜ソムリエへのランクアップを目指して勉強中！」など。

名刺に自分の顔写真を入れてもいいですし、座右の銘などのひと言を入れてもいいでしょう。まだ専門家として大きな実績を出していなくてもかまいません。一種の遊びのようなものなので、気軽につくってみてはいかがでしょうか。

実は、行動力がない人は、この名刺すらつくれないのです。

「まだ勉強中だから……」「なにか実績をつくってから……」などと、あれこれ理由を考えて、自分にブレーキをかけてしまうのでしょう。

40代には、もう躊躇《ちゅうちょ》している時間はありません。自分で第一歩を踏み出さないと、なにもはじまらないのです。

STRATEGY 3

「自分でやる」から「人を動かす」働き方へ

自分のことしか考えない40代は、不要になる

40歳から会社で不要になっていくのは、ずばり「価値を生み出せない人」です。

企業で求められる価値というのは、年齢によってもポジションによっても当然、変わってきます。

たとえば、20代前半はがむしゃらに働いて、仕事をひととおり覚えて、早く一人前になるよう求められます。

30代になると、業績を出しつつ、社内や社外との調整役としてうまく立ち回る役割を求められるでしょう。部下や後輩への指導力も評価の対象になります。

ここまでは、「与えられた仕事」をうまくさばける能力があれば、価値を生み出しているとみなされます。

それでは、40代に求められる価値とはなんでしょうか。

それは、「**こなす能力**」**ではなく、**「**生み出す能力**」です。

経営コンサルタントの山本真司氏は、

「**40歳からは仕事ができる人の定義が変わる。いかに仕事をするか（HOW）ではなく、なにをやるのか（WHAT）が重要だ**」

ということを語っています。

これにはまったく同感です。自分のいる部署が低迷しているのなら、なにか打開策を考えなくてはなりません。営業部で売り上げが伸びずに悩んでいるのなら、セールスの方法を変えたり、チームの編成を一変したりして、改革する必要があります。

40代には、「**改善**」**ではなく**「**改革**」**する力が求められる。**そう考えたほうがいいでしょう。

■自分を引きずり下ろす部下を自分で育てなければならない

また同時に、「マネジメント力」も求められます。これまでは、自分の仕事の補佐的に部下や後輩に仕事を任せ、指導すればよかったでしょう。

しかし、**40代は「人材育成」という、もっとしっかりした柱に基づいて人を育て、人の能力を引き出さなければならない**のです。

そこでもやはり「生み出す力」が求められます。

もし、部下が指示待ち人間になってしまったら、それは部下だけの責任ではなく、上司の育て方が悪いのです。部下を次世代のリーダーになるよう育てるのには、やはり知恵が必要になります。

どんなに「こなす能力」がすぐれた人でも、新しい方向性を示せず、創造的なことがなにもできなければ、価値を生み出していないと思われてしまうでしょう。

せっかく昇進しても、部下を育てられない人は伸び悩み、残念ながら数年後に降格、という話も少なくありません。「自分でやったほうが早い」と仕事を抱え込む人は、もちろん論外です。

スポーツの世界でも、優秀なプレイヤーがコーチや監督として優秀であるとは限りません。その逆に、プレイヤーとしてはそこそこであっても、名コーチや名監督になる人もいるでしょう。

40代は、30代からの延長ではなく、求められる価値が一変する。そう考えるべきだと思います。

トップ営業マンは、いつまでもトップでいられるわけではなく、いつか部下にその座を譲らなくてはなりません。

自分をトップから引きずり下ろす部下を、自分で育てなければいけないのです。

自分が途中まで話を進めておいて、最後の詰めに近い段階で部下に任せ、その部下に成功体験を積ませるのもマネジメントの例になるでしょう。

いつまでも自分の成績のことしか考えていないビジネスパーソンは、企業にとって不要な人材になっていきます。

そうなる前に、徐々にマネジメント力を発揮できるようワーク・シフトしておきましょう。それをできる人が、さらに上のポジションに行くことができるのです。

STRATEGY 4

「利用価値のある人間」になる

「人脈のなかから金脈を探せ」

みなさんは「**ダンバー数**」をご存知でしょうか？

これは、オックスフォード大学の人類学者ロビン・ダンバー教授が提唱した、人間関係に関する仮説です。

この仮説によると、**1人の人間が安定した関係を結んでいるといえる相手は、およそ150人前後が限界、**らしいのです。

これは軍隊や農村、遊牧民など、歴史的に見ても立証される数値だそうです。たとえば、軍隊で基本となる「中隊」の構成は150人程度。これより多くても少なくても、うまくまとまらないといいます。

兵士が多いと有利なように思えますが、コントロールするのが難しくなるので不利なのです。

アウトドアウェアの素材「ゴアテックス」で有名な企業W.L.ゴア&アソシエイツ社はその原理を積極的に取り入れ、各部門の社員数が150人を超えると、部門を分割して150の数値を超えないようにしているといいます。

なぜ、150人前後という数に落ち着くかというと、

・それ以上の人数になると、複雑すぎて把握できなくなってしまう
・それ以上の人数になると、その関係を発展させる時間が足りなくなる

という二つの理由が挙げられています。

この仮説の注目すべき点は、この説がインターネットやSNSの発達した現代にもあてはまるというところです。

たとえば、**フェイスブック上で友達が仮に1000人いたとしても、その関係を安定的に維持できるのは、そのなかの150人程度**ということです。

SNSが発達したのは、あくまで人と人とを結ぶ「ツール」としてであって、人の「脳」がSNSと同じ速さで発達していくわけではありません。

どんなにフェイスブック上でたくさんの人とつながっても、相手と親しい関係をつ

くるには、数に限りがあるのです。

また、ダンバー教授によれば、この人間のネットワークは、最も親しい3～5人を皮切りに、15人→50人→150人と3の倍数で段階が広がり、数が増えるにつれ親密度は薄くなっていきます。

みなさんも、自分のネットワークを、この理論にあてはめてみると面白いと思います。

たとえば、最も親しい3～5人は、毎日会っている家族のように、かけがえのない人です。

次に親しい15人くらいは、友人や、職場などでいつも顔を合わせている相手。お互いを普段から気にかけていて、頻繁にメールのやりとりをする相手がこれくらいの人数だと思います。

そして取引先などビジネス上で広く浅くつきあう相手が、50～150人にあてはまるのではないでしょうか。

■相手にとっての「重要人物」になる法

私はかねがね「人脈」というものに対して、少し誤解をしている方が多いように感じていました。

人脈とは名刺交換をしただけで得られるものではありません。人脈も友人関係と同様、コミュニケーションを密に取っていくなかで醸成させていくものなのです。

このときに忘れてはいけないのは、**「人脈には鮮度がある」**ということです。

たとえば、どんなに印象深くインパクトがあった人でも、会う頻度が少なかったり、次に会うまでの期間が長かったりすれば、その人は大事な人脈にはなっていきません。

人には「繰り返し接すると好意度や印象度が高まる」という性質があり、それは「単純接触効果」と心理学では呼ばれています。

この「単純接触効果」では、会ったときの「長さ」よりも、会う「頻度」のほうが重要とされています。

これはマーケティングの世界でも使われているテクニックです。たとえば、テレビのコマーシャルや街で流れるヒット曲もこれと同じで、何度も見たり聞いたりしているうちに「この商品、いいな」「この曲、いいな」と思えてくるのは、この効果が働いているから。ですから、**人脈の鮮度を保つには「頻繁に会う」のが最もシンプルかつ有効な方法**なのです。

つまり、本当の人脈をつくるには、ダンバー教授の説を逆に利用して、「150人↓50人↓15人」と、相手のダンバー数のなかでの自分の位置を上げていくのです。

まずは名刺交換をして、相手の「150人」のなかに入る。そして相手と会う頻度を高めて、次のレベルの「50人」に入るまで、お互いのことを知っていく。さらにプライベートでも会うほど親しくなって、15人に入る……。

そうすることで、ようやく相手にとっての重要人物になれるのです。

相手のダンバー数に入り、自分の重要度を上げていくためには、やはり頻繁に会って鮮度を新鮮に保っていくのがカギになるでしょう。

そして、ここが重要なのですが、**いい人脈をつくりたいのであれば、「相手にたくさん利用されよう」と思うこと**です。

40代ともなれば、さまざまな知識やスキルを持っています。それをまわりから利用されてなんぼ、なのです。**利用価値のある人間にならなければならない**と考えましょう。

人脈を「利用できる人材探し」だと思っている人がいますが、私はそうは思いません。**「利用してくれる人材探し」**だと思います。

『大往生』（岩波新書）をはじめとした多くのベストセラー本を執筆している永六輔《えいろくすけ》氏も、こうおっしゃっています。

「いいかい、仕事は金脈じゃない、人脈だぞ。人脈のなかから金脈を探せよ。金脈のなかから人脈を探すなよ」

人脈を勘違いしている人は、まず金脈を探してしまいます。あるいは人の向こうに金脈を見越してから、接してしまうのです。

金脈というのは、人脈を醸成させたあとでなければ見つかりません。

そして人脈を醸成させるためには、まず自分が相手にとって有用な人材にならなければならないのです。

とくに40代は、そういう人材にならなければいけないと思います。

STRATEGY 5

40代に求められる「チームを束ねる技術」

私の会社にはなぜ「憲章」があるのか

以前は、マネジメントといえば人材育成や目標管理という要素がほとんどでした。最近は部下のメンタルヘルスやコンプライアンスなどの予防的な管理も上司に求められるようになっています。

40代はとくに、そういったデリケートな対処を含めてのマネジメントをしていかなくてはならないでしょう。

私も、部下がうつ病にかかり休職した経験があります。激務の職場だったとはいえ、「上司としてもっとできることがあったんじゃないかな」と、いまでも反省しています。

そういう反省もあり、いまではコミュニケーションの取り方には気を配るようになりました。

さらにいうなら、**コミュニケーションの取り方は〝意識する〟だけではなく、〝仕組み化する〟のが効果的**です。

私の会社は社員10人ほどの小さな会社ですが、毎朝朝礼をして社内全体でコミュニケーションを取る時間を設けています。コロナ以降、社員の大半が在宅勤務になってからは、Ｚｏｏｍを使って続けています。

朝礼では**「グッド&ニュー」**という手法を用いています。

グッド&ニューはアメリカの教育者、ピーター・クライン氏が開発したコミュニケーション法で、24時間以内にあったいいことや新しいことを1分間で発表し合います。

発表するのは、「仕事の業務で悩んでいたんですけど、こんなふうに解決できました」といった仕事上の話から、「この週末、親戚が遊びに来て楽しかったです」といったプライベートでも、なんでもあり。

これを続けると、ポジティブな思考が養われていくという効果があります。

みんなでいい話を共有すると連帯感も生まれ、チームが活性化するのです。

これが仕組みのひとつだと思います。

また、朝礼が終わってから、上司と部下が個別に話す時間を設けています。時間は数分から、長い場合でも10分ぐらい。仕事の進捗状況や今日の仕事の予定などを報告してもらうのがメインで、グッド&ニューで発表してもらった内容について感想を述べることもあります。

部下から「ちょっとこういうところで行き詰まっているんです」、「今月の数字が達成できそうもないんですけど、どうしたらいいでしょう」などと相談を受けたときは、アドバイスをします。

この段階で全員にきちんと指示を出しておけば、その日はそれ以外に接点がなくても問題なく業務は進むのです。

さらに、月に一度の個別面談も行ない、仕事での悩みや今後の目標などについて話し合います。

ここまでコミュニケーションの仕組みをつくっていても、報告のし忘れや話の行き違いなどは起きるものです。

部下の指導をしているとき、「何回も同じことをいわせるな！」とキレる上司もいるでしょう。けれども、私は、**何回も同じことをいわないと部下には伝わらないものだと考えています。**

上司の考えをうまく先読みして動いてくれる部下ばかりだったら、どんなにラクなことか……と思うかもしれませんが、自分の考えは言葉にして伝えなければ相手はわかりません。

上司が「伝える努力」をするのは基本です。**うまく伝わらないのなら部下ではなく、自分に問題があるのだと考えたほうがいいでしょう。**

■「人を動かす技術」のある40代は、必ず生き残る

私の会社では「憲章」をつくっています。

憲章とは「ミッション」とも呼ばれるもので、会社の使命や目指すべき姿について定めています。

たとえば、私たちの使命のひとつとして、「精神的・経済的・社会的自立を果たす

人材の発掘・育成・支援をするために、価値ある教育コンテンツ・パートナーシップ・インフラを提供する」としています。

この憲章を手のひら大の紙に印刷し、社員全員に配っています。それを毎日朝礼で唱和するのです。

これはいつの時代も変わらずに大切な、社員の意識をひとつにする方法なのだと思います。

以前、ベネッセの契約社員が会社の顧客の個人情報を流出させたことが発覚し、批判が集中しました。一度こういう問題を起こしてしまったら、あっという間に会社の信頼は失われます。信頼を回復するまでに何年間もかかるでしょう。

社員にコンプライアンスの意識を抱かせるには、企業の理念を毎朝唱和するような、地道な活動を続けるしかないのではないかと思います。

入社式で「わが社のモットーは……」と伝えるだけでは、ただのお題目になってしまいます。**毎日声に出して読むことで、自然と自分の会社の目指す姿が共有されるようになっていく**のだと思います。

さらに、私の会社の憲章には「行動規範」も記されており、わが社の社員としてどう行動すべきなのかを定めています。そこから毎日ひとつ選んで朝礼で話し合います。たとえば、「私たちは、業務や企画の文書化・標準化・マニュアル化・情報共有を徹底し、資源をフル活用できる環境を保ちます」という規範を選んだら、それをどう実行するのかを発表するのです。

「情報共有を徹底するために、○○の文書化を今日中にやります」

という具合です。

ただ唱えるだけではなく、実際に行動に移すことによって、規範は活かされます。このように全員で憲章や行動規範を共有していると、「それはちょっと、ウチのミッションからずれてるんじゃないの?」と互いに指摘できるようになります。そうすることで、より企業の理念が深く刻み込まれていくと思います。

ちなみに、憲章は変えることはありませんが、行動規範は半年に一度、社員全員で見直します。

「最近、挨拶の声が小さくなってるよね」など、その段階での社内の問題点を話し合い、それを行動規範に反映するようにしています。

社長や上司が一方的に決めてしまうとやらされ感がありますが、自分たちで決めたことなら守ろうという能動的な意識が社員の心に芽生えるのです。

この項で紹介した方法は、会社という単位に限らず、ひとつの部署、ひとつのチームであっても実行できると思います。

部下の育成も管理も、上司は業務の一部として当然やらなければなりません。それを仕方なくやるのではなく、ポジティブに仕組みを考えて自分なりのメソッドをつくれば、苦にはならないでしょう。

40代でマネジメント力を認められれば、組織で必ず生き残っていけます。これは自分を守る術《すべ》でもあるのです。

STRATEGY

6

「能力」があっても「信用」がない人はもう伸びない

40代には、してはいけない失敗がある

20代、30代の失敗は、ある意味では「挑戦」と対になるものですから、その挑戦を評価されますし、次のチャンスも回ってくるでしょう。

しかし、**40代は、「一つひとつの失敗が命取りになりかねない」**ので、非常に怖いのです。

もちろん、完璧な人間はいないので、誰でもミスはします。

ただし、経験がある人間は、ミスの芽を早めに摘み取れるので、「大失敗」に至らずにすむでしょう。この**「大失敗に至るミスを予防する能力が40代には求められる」**のです。

けっしてミスがあってはならない医療の世界でも、必ず一定の割合でミスは起こり

ます。医師も人間ですから、どんなに気をつけていてもミスはするでしょう。このうち、しょっちゅうミスをする医師は「リピーター医師」と呼ばれ、最近は行政処分をされるなど問題になっています。

「ミスのリピーター」になってしまうのは、ミスをしたときに「運が悪い」「あいつが悪い」と、なにかのせいにしてごまかしてきたからではないでしょうか。自分の向上の糧にしなかったので、同じミスを繰り返すのです。

失敗を活かして仕組みや環境を見直した人は、ミスをしなくなります。なにも対策を取らないと、なにも学ばず、何十年経っても同じミスを繰り返すのです。これはとても怖いことです。

みなさんのまわりにも、「ミスのリピーター」がいませんか？　若いころは「そそっかしいなあ」などと許してもらえても、40歳からは許してもらえなくなってくるのです。

とくに取引先や顧客など外部からの信頼をなくすようなミスは最悪ではないでしょうか。

たとえば、取引先との重要な打ち合わせを失念したり、時間を間違えたりするのは、「ついうっかり」ではすまされません。完全なミスです。

役職につき、仕事が忙しくなると、打ち合わせや会議を忘れたり、時間に遅れたりしてしまうのはよくある話です。

身内なら「忙しいから仕方ない」ですませてもらえます。しかし取引先や顧客の場合、相手も忙しいのです。そのなかで時間を割いてもらっているわけですから、相手の時間を奪ったことになります。

こういった、**人の時間や労力を奪う失敗は、年齢が上がれば上がるほど許されなくなる**と心得てほしいと思います。

■「念には念を入れる」のが、40代の仕事の知恵

40代で「ルーズな人」という印象をまわりに与えてしまうダメージは大きく、なかなか挽回がきかないものです。

分刻みで業務をこなす経営者や政治家が、スケジュールを忘れることはないでしょ

う。それは、秘書などがしっかりスケジュールを管理しているからです。

スマートフォンには時間管理アプリがそろっています。予定の時間になると教えてくれるアプリもあるので、そういったツールを駆使して、徹底的に管理するしかありません。

このようなツールを使うのが苦手な人は、何度も手帳を見たり、出先に向かう時間を時計のタイマーでセットしたり、部下に伝えておいて声をかけてもらうなど、思いつく限りの対策を練りましょう。

大事なのは「ちゃんと覚えたから大丈夫だろう」と過信せずに、**念には念を入れておくこと。二重三重の対策を取っておくこと。**

それに尽きるのではないでしょうか。画期的なノウハウなどないと、私は思います。

また、40代にとって、お酒の失敗も致命的です。

私もそうですが、若いころにお酒を飲みすぎて何度も失敗した経験がある人は、だんだん気をつけるようになるはずです。体調を考慮し、飲む量やスピードをコントロールするでしょう。

しかし、懲りない人もいるものです。ほんのたまにならわかりますが、いくつになってもしょっちゅう深酒をして、翌日お酒が残っている状態で出社したりします。

そういうタイプの人は、仕事に対する真剣度が足りないのでしょうが、もしアルコール依存症なのであれば、早めに専門家に相談したほうがいいかもしれません。率先して酔いつぶれる40代なんて、部下からは愛されても、上司からは評価されないでしょう。

とにかく、**「リスクマネジメント」ができない40代は信用されないし、もうその先の成長は望めない**でしょう。

40代は、自分自身だけではなく、部下や同僚など、自分のチームのすべてをコントロールできなければ評価されないということです。

40代には、ミスを小さな芽のうちに摘み、たとえミスが起きたとしても即対処できる力が必要なのです。

STRATEGY 7

常に「ひとつ上のポジション」を意識する

「辞令」は突然やってくる

私が会社員だったころ、**「いつもひとつ上のポジションを意識して仕事せよ」**と上司からいわれていました。

もちろんそれは上司の顔色をうかがう、という意味ではありません。常に「次のこと」をシミュレーションして働きなさい、ということです。

よく、経営者目線で仕事をするのが大事だ、ということがいわれますが、いきなりトップの視点を持つのは難しいでしょう。しかし、せめてひとつ上のポジションの視点は持っておきたいものです。

「辞令は突然やってくる」というパターンが少なくありません。

そのときに、上手にスタートを切れるか、それとも混乱するかは、次の階段をイメージして働いてきたかどうかで分かれるのではないでしょうか。

常に準備をしている人だけが、なにか変化が起こったときでも最初から全力で走れるのです。

たとえば、ベンチにいるサッカー選手が、観客と同じ目線で試合を見ているはずはありません。

「いま自分がピッチに投入されたら、なにをするだろうか。どう動くだろうか」と考えながら、常に自分の頭をフル回転させて、すぐに参戦できる準備をしているでしょう。

それと同じように、「**自分が課長ならどうするか**」「**自分が部長ならどう動くか**」「**自分が社長ならどう判断するか**」という意識で仕事をしていれば、すぐに〝実戦〟に入ることができるのです。

■「視点」が変わる「チェンジ・チェアの原則」

40代の多くの人は、自身も現場で戦いながら、チームも引っ張っていくプレイングマネジャーであることが求められています。

役職につけば、自分の成績だけではなく、チーム全体の成績を考えなくてはなりません。

「部下をどう指導していけばいいのか」

「チームをどうまとめて、結果につなげていけばいいのか」

と、常にシミュレーションをしておくことが大事です。

いまの上司のやり方に不満があるなら、「自分ならこういう指導をする」と反面教師にする。すぐれた上司のもとで働いているなら、その上司を手本にして自分の仕事のやり方をシフトすればいいのです。

誰かを手本にするにしても、実際にやってみると、なかなかうまくいきません。どんな場面でも声を荒らげずに冷静に対処する上司を尊敬していても、いざ自分が部下の失敗に直面すると、「なにをやっているんだ！」と感情的になったりします。

それを防ぐには、事前に「リーダーの在り方」を勉強しておく必要があるかもしれません。

住友生命保険の会長を務めた上山保彦《うえやまやすひこ》氏は、**「リーダーは哲学者、戦略家、心理学**

者、教育者、演出家の五つの顔を持つべきだ」ということをいっていますが、これだけの顔を使い分けてはじめていいチームを率いることができるのでしょう。

ですから、そのポジションにつく前からイメージしておくのは、むしろ必須事項なのです。

とはいえ、「違う立場になって考えてみる」というのは、なかなか簡単にできるものではありません。

私は会社に勤めていたとき、上司の気持ちがわかるようになるにはどうすればいいのかを考え、休日に部長の椅子に座らせてもらったことがあります。

「なんだ、そんなことか」というなかれ。これは「**チェンジ・チェアの原則**」と呼ばれ、実際に椅子を変えることで、違う立場に立って考えるトレーニングになるといわれているのです。

実際、ちょっとしたことなのですが、これは面白い体験でした。部長の席からはフロア全体が見渡せるようになっていたので、そこから自分の席がどう見えるのかもわかりました。

すると、気持ちに変化が起きたのです。

「そうか。この席からは、自分の動きがよく見えるんだな。困っているときにタイミングよく声をかけてくれるのはそういうことか」といった気づきがありました。視野が広がったのです。

これは、職場だけでなく、家庭やあらゆる場面でも使えるでしょう。「チェンジ・チェア」――ぜひ試してみてください。

STRATEGY

8

「根回し」がヘタな40代は二流

「守りを固めながら攻める」仕事術

司馬遼太郎の歴史小説『坂の上の雲』。その主人公のひとりに、秋山好古《よしふる》という実在の人物がいます。

彼は日露戦争において、屈強なロシアのコサック騎兵を封じ、**「守りを固めながら攻める」**という戦略を見事に体現しました。

秋山好古は日本陸軍騎兵隊の創設者であり、「日本騎兵の父」と呼ばれる人物です。明治16年、陸軍大学校に入学したのちに、騎兵の研究を命ぜられフランスに留学。そこでヨーロッパのすぐれた騎兵戦術を学んだあと、日本で騎兵隊の改革に着手しました。

当時、日本の騎兵隊は防御力のなさが悩みの種でした。軍馬の能力からして列強国より低く、「無用の長物」と呼ばれる弱小部隊だったのです。

彼は、この状態で世界最強と目されるロシアのコサック騎兵と戦ってもまったく勝ち目はないと考えました。

そこで、彼はコサック騎兵が来たら兵隊はすぐに下馬し、機関銃を使って撃退するという、意表を突いた作戦を考えました。普通なら騎兵と騎兵が馬上で戦うところを下馬させて塹壕《ざんごう》に潜るという戦法を取り、当時の常識を覆したのです。

この作戦により、８０００ほどの小兵力だった秋山騎兵隊は、10万ともいわれているコサック騎兵の猛攻をしのいだのです。しっかり守りを固めながら攻めるという、好例でしょう。

人は年齢を重ねると、どうしても保守的になっていくものです。経験があるゆえ、行動する前にその結果を予測して、失敗を回避しようとしてしまいます。

若いころと違い、40代の失敗は傷が大きく、挽回のチャンスも少ないのが現実です。40代の人間にはこれまで築き上げてきた立場や信用、家族など、守らなければいけないものがたくさんあります。

たしかに、すべてをなげうってのチャレンジは無鉄砲そのものです。しかし、守ってばかりいてはそれ以上の成長がなく、ただただ衰えていくばかりです。

40代は、守るべきものを守りながら攻める戦略を立てるべきだ、と思うのです。

■仕事の勘どころ、ツボをいかにうまく押さえるか

私は、40代の転職もありだと考えていますが、その前に、いまいる職場でできる限りのことをすべきだとも思います。

いまの部署でやりたいことをできないのなら、他の部署に異動させてもらうのも手でしょう。転職をしなくても、地方の事業所に転勤するだけでかなり職場環境は変わります。

20代や30代は転職や起業も勢いでなんとかなりますが、40代はそうもいきません。**転職や起業をして、いままで築いてきたものをすべてゼロにする前に、これまでの知識や経験やスキルを守りながら生き抜いていく方法を、いま一度よく探ることが先決ではないでしょうか。**

そして、**組織で生き抜くために重要なのが調整力や根回し力**です。

これは20代や30代より、40代が優っている力でもあります。根回しは人脈のストックがものをいうので、職場や取引先に知り合いが大勢いる40代こそ有利なのです。

私も20代のころは報・連・相が苦手で、嫌いでした。「仕事で成果を出していれば、報告しなくても上司はわかってくれるだろう」と思っていました。

実際は、多忙な上司は自分の仕事だけを見ていてくれるわけではありません。

「あの案件、どうなった？」と尋ねられて、「順調に進んでいます」と伝えると、「こっちは気になっているんだから、ちゃんと報告しなさい」と釘を刺されたりしました。

あるときの会議で、私が作成した資料を見た役員の上司が顔色を変えました。

「なんだ、これ。こんな企画、オレは聞いてない」

事前に直属の上司には資料を見せ、会議で提案する承諾を得ていたのですが、その直属の上司がさらに上の上司に報告していなかったのです。

私の失敗ではないのですが、事前に役員の上司に見せてくれたかどうか、直属の上司に確認しなかった私の詰めが甘かったのは事実です。

役員の上司は、「オレの知らないところで、こんな話を進めていたのか？　どういうことだ！」と大激怒。いうまでもなく、その企画は通りませんでした。

このことから、組織で仕事をするには根回しや調整がいかに大事なのか、痛感しました。

40代ともなれば、組織内のパワーバランスをよく心得ています。「先にこの部署の部長に話を通しておくか」などの適切な判断、調整ができるでしょう。

こういった勘どころ、ツボを押さえながら仕事を進めるのも、守りながら攻める方法のひとつです。


20代や30代のころは、新しいことにチャレンジしようとしても「前例がない」「うちの会社に向いてない」となかなか自由にさせてもらえない時期を誰もが過ごします。

しかし40代になり実績が伴ってくると、その縛りからも自由になってきているのではないでしょうか。

上の意向も充分わかっているし、前もって外堀を埋めておくといった社内調整のやり方もわかっているでしょう。

保守的な上司が相手なら、たとえば一流企業とのコラボを提案して、「この会社にはこんな実績があるのでウチにも大きなメリットがありますよ」と強調すれば、企画が通りやすくなるかもしれません。

40代は正面突破を狙うのではなく、知恵を駆使し、迂回して目的地にたどりつく方法を取れるはずです。

「守り」は現状維持のために行なうものではありません。次の「攻め」を最大限に行なうためです。

守るだけではなにも生み出せませんが、守るべきものを守らなければ、攻めることも充分にはできないのです。

STRATEGY 9

自分の得意分野をさらに尖らせよ

余計なスキルアップは、もういらない

20代、30代は仕事を覚えたり、あらゆる経験を積んだりと、いわゆる「インプット」の時期です。

しかし40代は、そういった過去に積み重ねてきた経験や知識やスキルを「アウトプット」して、人を育てたり、人を率いていったりする世代になります。

さらに、**これまでの経験を「アウトプット」することで、「お金を稼ぐ」ことはできないか？** ということを考えるのは自分の強みを発見することにつながりますし、起業するためのトレーニングにもなります。

リクルートワークス研究所所長の大久保幸夫《ゆきお》氏は、

「ミドルキャリア以降の働き方については、あまり語られていないが、ビジネスパー

ソンとして最も脂の乗る40代、そこからトッププロが巣立っていく50代こそ、自律的なキャリアデザインが必要になる」

ということを語っていますが、本当にそのとおりだと思います。

40代からは、誰も「こう行動すればいい」「こう判断すればいい」と教えてくれなくなります。私もこのことは強く実感しました。

40代は、基本的に物事をすべて自分で決めなければならないのです。そのためにも、まずは自分がこれまでインプットしてきたものを振り返り、「持ち物検査」をすることが必要ではないでしょうか。

自分がこれまでどんな経験をしてきて、どんな知識やスキルを持っているのか――それをしっかりと確認することが、これからの働き方を考えるうえで重要なステップになるでしょう。

このときに大事なのは、「**自分の持ち物を細かく分析する作業**」です。

たとえば、いままで営業一筋で生きてきたなら、やはり営業が強みであり、稼ぎにもつなげられるでしょう。

ただし、ざっくりと「営業」ととらえていると、すべての営業マンがライバルになります。そこで、自分はどの分野で勝てるのか、もっと細分化してみてください。たとえば、マンションひとつ取っても、ファミリータイプと単身者向けではセールスの仕方が変わるでしょう。

さらに、客が自分で住むために購入する場合と、投資用として購入する場合でも、セールスの仕方は違います。

自分が得意な分野はなにかをもっともっと細分化して考えること。それが大切です。投資用マンションを売るのが得意なら、大家さん向けのコンサルタントとして独立することも考えられます。単身者向けのマンションを売るのが得意なら、独身向けの不動産アドバイザーになる方法だってあります。

そうやって「稼げるネタ」を持っている人は、転職するときも起業するときも有利になるのは間違いないでしょう。

■ 40代は、自分のスキルを〝特化〟するとき

私の知り合いに、25キロのダイエットに成功した男性がいます。

彼は猛烈に忙しいビジネスパーソンでしたが、そんななかでも試行錯誤を繰り返しながら工夫を重ねて、独自の短時間ダイエット法を編み出し、25キロという減量を成し遂げたのです。

私はその話を聞き、**「エグゼクティブに特化したダイエットの個人コーチをやったらどうか」**と提案しました。

セレブは外食の機会が多いうえに、使える時間も限られています。そのなかで体型をなんとかしたいと思っているはずですから、彼の経験は必ず活きるでしょう。

これも立派な彼の「持ち物」のひとつです。

よく私は、**「40代で新たな資格を取るくらいだったら、自分で資格をつくってしまえばどうか」**とアドバイスすることがあります。

いまは夜景観光士や温泉ソムリエ、家電製品アドバイザー……などあらゆる分野で資格や検定があります。こういうのは「やったもん勝ち」なので、自分で肩書をつくって検定をはじめてしまえばいいのだと思います。話題になれば、ビジネスになります。

最近は、一般の人に向けたコーディネートを職業にしている人たちがいます。ビジネスの場やデートの場など、「こんなときにスタイリストがいて、ファッションを考えてくれたらな」と考える人は、なにも芸能人だけではありません。そこに目をつけた、コーディネートの知識や資格を持った人が、一般の人を相手にスタイリストの仕事をはじめたのです。

これが商売として成り立っているということは、それだけファッションに困っている人がいるのでしょう。そのような世の中の隠れたニーズを掘り起こせたら、成功への道が一気に開けます。

自分が培《つちか》ってきたスキルは、もう「アップ」させる必要はありません。40代は、自分のスキルを再構築——「リストラクチャリング」してみるのです。

2章

「かけ算」で人脈を増やす

――つきあう人を〝固定化〟してはいけない

STRATEGY 10

いまこそ積極的に人と会う

自分を〝バージョンアップ〟し続けること

前章では、「40代に求められることは、これまでと大きく変わってくる」というお話をしてきました。

しかし、40年もかかってつくられてきた自分を変えるのは、そう簡単ではないのもたしかです。

それでは、自分を変えるのに役立つ有効な方法はなんでしょうか？

それは、「**環境をシフトする**」という方法です。「環境」を変えれば、自然と価値観や考え方、行動も変わっていきます。

たとえば、学生から社会人になったときのことを思い出してもらえば、わかりやすいと思います。

社会人で環境を変えるというと、すぐに思いあたるのは、転職や起業といった方法ですが、それだけではありません。

人づきあいを変えるだけでも「環境」を大きくシフトすることができるのです。

連日のように、会社の同僚や部下と連れ立って飲みに行き、「ウチの上の人間は、現場のことをわかってないんだよ」などとグチをこぼしているのなら、要注意です。グチからはなにも生まれません。そういう人ほど、新しい人との出会いを積極的に求めるべきでしょう。

自分の知らない分野で活躍している人や、幅広い年代の人と積極的に交流をして、刺激を受け続けるのが40代からは大事になってきます。

40代で人脈は完成しているわけではありません。

いまの仕事でつきあう人もほぼ決まり、プライベートで会う人が固定化しているなら、その人脈はやがて先細っていきます。

人は基本的に、年齢とともにつきあう人は減っていくので、いま増やしておかないと、定年を迎えるころにはゼロに近くなっているかもしれないのです。

■「変化が普通だ」と思える脳をつくる

人はなぜ変化を嫌うのでしょう。変化するとその先がどうなるかわかりません。人はわからないものに不安や恐怖を感じるのです。

そして、実は人が変化を避け、遠ざけてしまうのには、個人の意思を超えた「脳」にその理由があるのです。

脳は新しい情報をストレスとしてとらえるため、変化を避けるクセがあります。それがよいものでも悪いものでも、「変わらないもの」をよしとして、脳は刻みつけてしまいます。

この脳が持つクセにしたがい、新しい人との出会いを避けてしまうと、どんどん新しい人と出会うことができなくなっていく、という悪循環を生むことになります。脳は変化しないいまの状態を一番に望んでしまうのです。

そうならないためには、**積極的に人と出会い、「変化が普通だ」と思える脳をつくることが大切**です。

変化に飛び込めば飛び込むほど、脳は変化に対する耐性ができ、「これがいつものことなんだな」と記憶していきます。

変化に強い柔軟な脳をキープするためにも、新しい人と出会うのは、メリットが大きいのです。

そして変化に強くなれば、どんな環境にでも対応できるようになります。

40代はどんな環境でも生き残れるような、しなやかさや打たれ強さを身につけなければなりません。

人づきあいをシフトするのは、そのための第一歩だと考えてください。

STRATEGY

11

自分の〝売り〟を最大限に活かす

その出会いが即ビジネスになる可能性だってある

環境を変えるために人と積極的に会う——。

その機会は、待っていても向こうからやってくるものではありません。

よく彼氏や彼女のいない人が「出会いがない……」とこぼしていますが、それは仕事における人間関係でも同じことがいえるのではないでしょうか。

出会いは待つものではなく、自らつくるものです。

出会いの場の代表格である異業種交流会も、20代、30代で参加する場合と、40代では意味が違ってきます。

20代、30代は、名刺交換だけで終わる場合がほとんどでしょう。自分自身にまだそれほど〝売り〟がなく、挨拶を交わした相手の職業にあまり関心がないと、数分だけ会話をして終わりになります。
40代ともなればそれなりの肩書を持っている人が多く、自分も中堅どころとして会社の顔になっていたりします。したがって、異業種交流会での出会いが即ビジネスに結びつく可能性も高くなるのです。

とはいえ、異業種交流会はピンきりなので、参加してもあまり身にならない会が多いのも事実です。

ただお酒を飲んで盛り上がるだけの会もあれば、あやしげなネットワークビジネスに引き込もうとする会もあります。また、自分が求めている職種や業種と微妙にずれた人ばかりが集う会もあるでしょう。

やはり**人脈を確実に築きたいのなら、自分で会を主催するのが一番効果的**です。会の名目はなんでもいいでしょう。日本酒を楽しむ会でも、日本の伝統文化を学ぶ会でも、誰かに講師になってもらって勉強する会でもいいと思います。

私も、独立してからですが、読書会を主催していました。**自分でなにかの会を主催すると自分の都合のいい日時と場所で開けますし、そこに集う人の情報をすべて管理**

できるという大きなメリットがあります。また、自分の好きなテーマで開けるのもメリットです。

これこそ、40代だからこそできる人脈づくりでしょう。

20代や30代ではまだそれほどネットワークを持っていないので、集められる人が限られてしまいます。

しかし、40代であれば、いままで仕事やプライベートを通して出会った人は相当な数になるはずです。知り合いに信頼できる人を連れてきてもらえば、倍々で人脈は増えていきます。

つまり、**40代は、いままでの出会いをもとに、「足し算」ではなく「かけ算」で人脈を増やせる世代**なのです。

こういうイベントをこまめに主催している人は、面倒がらずに毎月のように人が集う場をつくっています。

常に新しい人をその輪に引っ張り込み、活性化をはかっているのです。40代はそれぐらい積極的に人を集めていかないと、財産になる人脈がつくれないでしょう。

■重要なのは「直接会って話す」こと

人づきあいをシフトして環境を変化させるときに、ひとつ大きなポイントがあります。

それは、「**相手と直接会って話す**」機会を持つということです。

いまの時代はメールや電話、ネットで用件や仕事をすませられます。遠くに住む相手と仕事をする場合などは、最初から最後までメールやフェイスブックのやりとりですませた経験もあるかと思います。

しかし、文字だけに頼った、いわゆる「バーバルコミュニケーション（言語的コミュニケーション）」では、意思の疎通にも限界があります。

たとえば、メールや電話では表情が伝わりませんから、強調したい部分や大切にしたい部分など、相手は受け取りにくいものです。

目線、表情、ジェスチャー、声の調子。そうした「ノンバーバルコミュニケーション（非言語的コミュニケーション）」があってはじめて、人は互いに深くわかり合えるのです。

また相手の出身や趣味など、一見すると無駄と思われる雑談からも相手の人となりを知り、それが互いの信頼につながっていきます。

つまり、**人間は無意識のうちに無駄な要素も取り入れながら、互いの関係を深めているのです。**


たしかにＺｏｏｍやＴｅａｍｓのようなビデオ会議のツールも普及しましたが、画面越しに話しかけても場の空気は伝わりません。実際に会って、その場の雰囲気を感じながらやりとりをするのが、本当に「つきあう」という意味なのです。

40代は仕事や家庭でも多忙な時期です。直接会うのは効率が悪く思えますし、しんどいと感じるかもしれません。

しかし、そのなかでも工夫をして、新しい人と出会い、コミュニケーションする機会をどんどんつくるべきなのが、40代という世代なのです。

STRATEGY 12

もっともっと「ビジョン」を語れ

人を「その気にさせ、巻き込む」方法

40代には、これからぜひとも養ってほしい力があります。

それは、**「人を動かす力」です。権力やお金で動かすのではなく、その人自身の魅力で人を巻き込み、動かす力です。**

なぜその力を、40代が持っていなければいけないのでしょうか。

それは、40代が「人を巻き込む力」を持っていると、まわりの人が頼りにしやすいからです。

30代で人を動かすのは大変です。もちろん後輩や取引先などを相手に、ある程度はできるでしょう。なかには自分なりの人を動かすテクニックを持っている人もいるかもしれません。しかし、30代はまだ「頼りがい」に限界があるのです。

一方、50代になると、どんなに頑張っても40代のようなフットワークは期待できません。動く前に社内の影響力をあれこれ考えてしまい、及び腰になる場合もあります。あるいは、自分の目上の人のためには動いても、目下の人のためには動かないかもしれません。

純粋な「頼りがい」と「フットワークのよさ」を同時に持ち合わせているのが40代です。つまり40代は人を引きつけ、巻き込む「磁力」が最盛期を迎えるのだといえます。

40代はその磁力を活かすことが求められます。そしてどれだけ多くの人を動かせるかが、これからの大事な評価になってくると思います。

それでは、どのように人を動かせばいいのでしょうか。

「**ビジョンを語る**」のが一番です。ビジョンは夢想のレベルであってもかまいません。私も社員にしょっちゅう語っています。

たとえば、私の会社は神保町にオフィスを構えていますが、「将来的には大手町一丁目に引っ越そう。丸の内のビジネスパーソンが集う場にしよう」と伝えます。これはイメージしやすいビジョンなので、社員も「いいですね！」と喜びます。

ただし、それだけでは人を動かす原動力には足りません。

もっと大きな夢、大きなビジョンでないと、人は突き動かされないのです。

「週末起業というコンセプトを日本中に広げるために、全国に代理店を200店、つくろう」

「コーチングの学校を、昔のNOVAのように、ひとつの駅にひとつずつつくろう」

「世界中に僕らのやっていることを広めて、ビジネス教育界の公文のようになろう」

私がこのようなビジョンを語ると、社員は「またいってるよ」というような表情で聞いています。

しかし、**それでも繰り返し語るうちに、まわりは「この人がそこまでいうなら……自分にはなにができるかな」という考えにシフトしていく**のです。

このとき、伝え方にコツが二つあります。

ひとつは、「**そのビジョンが実現すると、世の中がよくなる**」という点も伝えること。そしてもうひとつは、「**あなたにもたくさんメリットがありますよ**」という点も伝えることです。

「世界中に僕らの週末起業のビジネスが広まったら、世界中の人の暮らしがもっとよくなるよね。これは一種の社会貢献になるんだよ。自分がそういう役割を担うのだと考えたら、どう思う？　すごく成長できるし、誇らしくないかな」

このような感じで語ると、相手はどんどん「巻き込まれて」いきます。

■人をワクワクさせる「伝え方」

たとえば、会社で「バーベキューをやろう」と提案すると、「いいですね、やりましょう」と盛り上がる人もいれば、「面倒だな」と思う人もいます。

その温度差を放置していたら、当日になって「本当は来たくなかったのに」などと不満をいう人が必ず出てきます。そうなったらせっかくのバーベキューも台なしです。

そこで必要になるのが、やはり巻き込む力です。

私は、バーベキューがどんなに楽しいのかを事細かに語って、相手にイメージしてもらいます。

「外で食べたらおいしいよね。海辺で潮風に当たったらお腹がすくし、そこでバーベキューをやったら最高だよ？　ジュージューいっている肉を食べながら、ビールを飲んだら、たまらないよね」

このように、バーベキューをしている光景をくっきり思い描けるようなビジョンを語ります。**自分がワクワクしている感情までをシェアできるように語る。**それがポイントです。

そして、相手が「行きたい！」という感情になったところで、「じゃあ、君は肉を買ってきて。あなたはグリルセットね」と、それぞれの役割を言い渡すのです。これで全員を巻き込めるのです。

このとき、「君は、いつもうまい肉を探してきてくれるからね。今回も期待してるよ！」という具合に、相手に期待していることも伝えます。これは、ビジョンの達成について期待されているのだと、相手にわかるようにするのが目的です。

そして、欠かせないのは最後のフィードバックです。

「やっぱり君に頼んでよかったよ」

ここまでやってはじめて、「参加してよかったな、またやりたいな」と相手は思うようになるのだと思います。

バーベキューを例に挙げましたが、もちろん普段の仕事の場面でも同じなので、みなさんもぜひ実践してみてください。

■小手先のテクニックよりも、情熱を

さらに、**早くから情報共有するのも人を巻き込むためには大切**です。

社長ひとりで考えるのではなく、それを実現するためにはどうすればいいのか、社員全員に考えてもらいます。

まだ具体的な計画ではない、粗い段階のものでもかまいません。**なにかプロジェクトを考えているのなら、アイデアの段階から「こういうことを考えているんだけど、どう思う?」と部下に投げかけるのです。**

部下から思いがけないユニークなアイデアが出るかもしれません。なにより、みんなで参加しているという意識が生まれれば、チームの結束力が強まるでしょう。

それは仕事の業務に限らず、社内のコスト削減などの課題もみんなで意見を出し合い、バーベキューのようなイベントもみんなの意見を募るのが理想的です。

つまり、上司が一方的に言い渡すだけでは巻き込めないのです。

みんなで意見を出し合っているうちに、その課題を他人事ではなく「自分事」としてとらえられるようになります。

たしかに、ひとりで考えて決断するほうが早いでしょう。それでも、手間を惜しまずに部下の意見を聞く時間を設けることが、巻き込むためには必要なのです。

世界的なベストセラー『人を動かす』の著者、デール・カーネギーは、「**人を動かすために、情熱に優るものはない**」と述べています。

カーネギーは俳優やセールスマンなどを経験したあと、ＹＭＣＡの弁論術担当となり、デール・カーネギー研究所を設立します。

研究所では話し方やコミュニケーションの取り方などを教えていました。いまでもそのメソッドは受け継がれ、投資家のウォーレン・バフェットもそのトレーニングを受けたといいます。

カーネギーによると、「**小手先のテクニックを使うより、情熱をもって話すのが人を動かす秘訣だ**」ということです。

その話の内容が正しいかどうか、テーマ自体が面白いかどうかではなく、情熱的に話す。そうすると、聞き手は「そういうこともあるかもしれない」とだんだん心が傾いていくのでしょう。

たしかに、政治家でも覇気がなくボソボソ話す人は不人気ですが、情熱的に話す政治家は人気があります。話している内容に納得するというより、熱意に押される要素が大きいのでしょう。

たとえば、プレゼンの場で、クライアントに自社の商品やサービスを説明するとき、内容やアイデアには自信があっても、契約につながらなかったという経験がある人も多いのではないでしょうか。

プレゼンは**相手をいかに「その気」にさせるか**が勝負です。淡々と説明する人よりも、身振り手振りも大きく、汗をかきながら熱弁をふるう人のほうに、人は魅力を感じます。

人を「その気」にさせることこそ、人を動かす力なのです。

STRATEGY 13

「ギブ、ギブ、ギブ」でゆく

「与える人」こそ成功する時代

若い世代には、「年収1000万円以上を稼ぎたい」「スティーブ・ジョブズや孫正義のように大成功したい」といった野心を持っている人も少なくないでしょう。

もちろん、若いころは、野心が大きな仕事を成し遂げるための原動力になるケースもあるので、一概に野心を持つのが悪いとはいえません。

ただし、野心から生まれた目標は、あまり長くは続かないものです。1000万円を稼げるようになったら次は5000万円、次は1億円、それでも飽き足らずに3億円……と、目標とする金額だけがふくらんでいき、キリがなくなってしまうからです。

年収3000万円を超えたらカネに無関心になる、といわれています。

お金を稼ぐことだけを目標にした〝大義のない野心〟は、いずれ行き詰まるということでしょう。

私の知り合いでも、最初は「年収1000万円を目指す!」と鼻息が荒くても、それを実現し、さらに年収3000万円くらいを超えると、お金のことをあまり口にしなくなります。

いい家や高級時計、高級車など欲しいものをすべて手に入れ、お金で困らないレベルになると、「それ以上お金を稼いでもなにに使うのか」と感じるようになるらしいのです。お金だけをモチベーションにしても頑張り続けられないようです。

40代は、お金持ちになりたい、有名になりたい、権力を持ちたいといった野心は縮小して、他の目標も拡大すべきだ、と私は考えます。

そのために参考になるのが、**新たな「ギブ&テイク」の精神**です。

社会に貢献する必要性、そして野心に走る危険性は、ペンシルベニア大学の組織心理学者、アダム・グラントの著書『GIVE&TAKE「与える人」こそ成功する時代』(三笠書房)に記されています。

この本は、成功者の法則を分析、解説したビジネス書です。このなかで、人のタイプを、次の三つに分類しています。

・ギバー（惜しみなく与える人）
・テイカー（自分の利益を優先させる人）
・マッチャー（損得のバランスを考えて行動する人）

本来のギブ&テイクとは、なにかを与えてかわりになにかをもらう、なにかをもらうかわりになにかを与える、という「対等な関係」を意味します。

しかし本書では、**これからの時代は見返りにかかわらずギブのできる「ギバー」が、結果的に一番成功する、**という「ギブ&テイク」の新しい理想像を提唱しているのです。

ギブだけだと損するのではないか？　そう考えがちですが、実際にはそうではないということを、実例を挙げて紹介しています。

その理由として、三つの「時代の変化」を指摘しています。

①インターネットやソーシャルネットの発達で、いい評判、悪い評判が流れやすくなった

②サービス業が増えたことで、自分の利益よりも顧客の利益を最優先する姿勢が成功につながるようになってきた

③価値観が多様化し、正しい答えがひとつではなくなった現在では、本人の実力よりも、人の輪をつくる能力が評価されるようになった

■もっと〝大きなもの〟に視線を向ける

こうした理由から、他者を優先して考えられる「ギバー」が、周囲の評価を獲得し、結果として成功するというのです。

「テイカー」も、たしかに成功はします。ただ、短期的には大成功するけれども、その後に転落する人生が待ち構えている、といいます。

経営破綻したエンロンの創業者、ケネス・レイは、慈善活動に積極的だったので、

多くの人から「ギバー」に思われていました。

ところが、収益を水増しして投資家を騙したほか、2000年に起きたカリフォルニアの大停電もエンロンが引き起こしたといわれています。エンロンは発電所を買収して計画停電を起こすことで、電気料金を高騰させるのが狙いでした。

つまり、ケネス・レイは「ギバー」を装った、根っからの「テイカー」だったのです。結局不正の数々は明るみに出て、ケネス・レイは裁判の途中で亡くなっています。まだ64歳の若さでした。

和紙プロデューサーの堀木エリ子さんは、働く目的について次のようなことを語っています。

「40歳くらいまでは、自分の生きがいを見つけたり、好きなことをしていいと思うのですが、一生そのままではいけない。**とくに40代以降は、社会にお返しするというスタンスで仕事をすると、やりがいの感じ方も結果の出方も変わってくる**」

堀木さんは、40歳になる直前で患った大病が、働く目的が変わるきっかけになったと話しています。

その病気をきっかけに、自分のために働くのではなく、和紙業界への貢献や日本文化への貢献、社会への貢献へと仕事の目的が切り替わったのです。

堀木さんの作品は公共施設やホテルなどに使われているほか、海外でも人気が高く、チェリストのヨーヨー・マの舞台美術でも用いられています。

社会にお返しする――つまり「ギバー」になれば自然と実力は認められ、成功に結びつくのだ、と私は思います。

こういう話を20代や30代にしても「説教くさいなあ」と敬遠されたりしますが、さまざまな人生経験を積んできた40代なら実感としてとらえられるのではないでしょうか。

40代こそ、「ギバー」になるのに最も向いている世代、といえるかもしれません。

STRATEGY 14

上司から受けた恩を部下に返す

40代に求められる「ペイ・フォワード」の精神

『ペイ・フォワード　可能の王国』というアメリカの映画をご存知でしょうか?

ペイ・フォワードは、**「人から受けた厚意を別の人に渡そう」**という意味で、ひとりの少年が考えたアイデアです。

「世の中を変えるためにどうすればいいか」と社会科の課題を出され、少年は人から受けた善意や思いやりを別の3人に渡していけば、世の中の人すべてが幸せになれるのではないかと提案し、実行するというストーリーです。

社会貢献と聞くと、ボランティアや寄付を思い浮かべるかもしれません。

もちろん、そういう場面で社会貢献をするのも大事ですが、もっと身近なところでも社会にお返しすることができます。

たとえば、若手を育てるのも立派な社会貢献のひとつではないでしょうか。

私も若いころ、上司がいろいろ心配してくれたり、相談に乗ってくれたりしたとき、「なんで、自分にこんなに親切にしてくれるんだろう?」と正直、不思議に思っていました。

しかし、いまならよくわかります。それが上司の「社会にお返しする」というスタンスだったのではないでしょうか。

育ててもらった恩を上司に返そうと思っても、それはなかなかできないでしょう。せいぜいお中元やお歳暮、年賀状などで感謝の気持ちを示すぐらいです。

上司には返せない恩を、自分の部下に送る。つまり「恩返し」ではなく、「恩送り」です。それで世の中は回っていると思うのです。

40代は、「ペイ・フォワードの精神」で恩をまわりに送るべきでしょう。

私が起業したときにも、本当にたくさんの方のお世話になりました。事務所の一角を貸してくれた方もいれば、信頼できる人を紹介してくれた方もいます。みなさんご高齢だったので、いまでは亡くなっている方もいます。

その諸先輩方に直接恩返しをすることは、もうできません。それならば、かわりに、あとから来る後輩たちに恩を手渡していこうという思いで、私はいま起業家を支援しています。

私がそういう意識になったのは、40歳を過ぎてからです。20代、30代は、自分のことばかり考えていました。しかし、そういう意識にシフトしてからは、仕事のやりがいも結果も、まったく違ってきました。

起業家を応援したいという私の思いに共感して、社員も私の会社を選んでくれたのだし、私の活動に共感して、さまざまな分野で活動している人がビジネスを持ちかけてくれます。

支援した方が無事に起業して軌道に乗ると、自分のことのように嬉しく感じますし、自分の活動が人のためになっているのだと思うと張り合いも生まれます。

そして、会社を経営して人を雇い、育てるのも一種の社会貢献なのだと、つくづく実感している毎日です。

■これからは「他者志向」の人が成功する

前項で紹介した著書『ＧＩＶＥ＆ＴＡＫＥ「与える人」こそ成功する時代』によると、たとえば営業職や販売職でトップの成績を収めているのは「与える人（ギバー）」だといいます。

そして成功する彼らの特徴を、**「相手の視点を理解することに時間を費やす」**としています。

この本では、メガネの販売員でトップの成績を収める人物が、その成功例に挙げられています。彼はお客が訪れた際に、すぐ商品を出そうとせず、相手を知ろうと質問をしていくといいます。

たとえば、「このお店ははじめてですか？」「処方箋はお持ちですか？」「スポーツはされますか？」といった具合です。メガネをかけるシチュエーションは人それぞれですから、まずそれを知るのがなにより大事だと彼は考えているのです。

そして、彼は、「自分の一番の仕事を販売だとは思っていない」と語ったそうです。

「私の仕事はお客様に応対し、お話をうかがい、ニーズを知ることです。売ることを一番に考えていません。お客様を助けることが仕事なのです」

このメガネの販売員がしているのも、社会貢献になるでしょう。**営利目的のビジネスであっても、社会貢献はできるのだ**という証明になります。

自分の成績のためだけにあれこれ売りつけようとするのではなく、他の企業の商品のほうが顧客のニーズに合っていると思ったら、それをすすめられるような営業マンが結果的には成功する、という話を聞きます。

このような精神を持てば、結果は自然とついてくるのです。

ただし、世の中の「ギバー」には、まわりから利用され、損するだけで終わる人が多いのもまた事実です。

会社組織のなかでは、上司のご機嫌取りが上手で、部下には不誠実な人が出世するというのは珍しくない話です。お人好しで要領の悪い人は、そういうタイプにいいように使われ、芽が出ないまま会社員人生が終わったりもします。

けれども、そんな「ギバー」ははたして不幸なのでしょうか？

それは会社のなかでの出世、という狭い範囲、小さな尺度の話であり、もしかしたら私生活では家族や友人から信頼されて幸せなのかもしれません。

脇目も振らずに仕事一筋でやってきた人が、管理職になってこれからという段階になったときに病に倒れてしまった、というケースは珍しくありません。

その後、入退院を繰り返したり、元のような健康体に戻れなくなったりしたら、出世のために頑張ってきたのはいったいなんだったのか、という話になります。

出世は必ずしも人生を幸せにするとは限らないのです。

『GIVE&TAKE――』では、**成功した「ギバー」、これから成功する「ギバー」は、「自己犠牲」にならず、「他者志向」になれる人だ、**と記しています。

「他者志向」になるとは、「自分の信じたものに全力でギブする」ことを意味します。受け取るものより多くを与えてもけっして自分の利益は見失わず、自分を犠牲にしてまでは与えないバランス感覚のある人間が最終的に生き残れるのだ、ということでしょう。

STRATEGY 15

〝オールドタイプ〟に成り下がるな

たとえば、若者が読んでいる本を読んでみる

40代になると、年下の人とのつきあいがなくなっていく、という方は多いのではないでしょうか。

たしかに、会社のなかでの地位が固まりつつある40代は、自分をより磨くためにお手本になる年上の人を探して、つきあっていくのも大事です。

しかし、みなさんが若かったころは、年上が年下の面倒を見るのが当たり前だったはずです。連日アフター5に飲みに連れ出され、上司の自慢話や社内のしがらみを聞かされ、当時はうんざりしていた人もいるでしょう。

しかし会社で生き抜く術や仕事のコツなど、大切なことも先輩方から教わってきたはずです。助言もしてもらえたでしょう。

いま40代のみなさんは、どこまで部下や後輩と真剣に向き合っているでしょうか。
「若い人が嫌がるだろうから……」という、もっともらしい理由を挙げて彼らを避けているのは、実はみなさんのほうではないでしょうか？

そもそも私は、年下や年上ということで人を判断することに疑問を感じています。
肩書や地位で人を判断すれば、つきあう相手はどうしても年上に偏っていきます。しかし地位のある年上でも、自分の自慢話ばかりするような、つきあっても気持ちのよくない人はたくさんいるでしょう。

その逆に、まだ駆け出しの若者でも「彼はいい刺激になるな」と思える出会いがたくさんあります。

色眼鏡をはずして相手の人間性や能力を素直に見ることができれば、自然と年下との交流も増えていくはずなのです。

■自分を〝居心地の悪い場所〟に置く効果

私は20代、30代の起業家とも交流があります。

いまの若い世代を見ていて驚くのは、社会貢献の意欲が高いこと。私から見ると、「そんな事業ではほとんどお金にならないんじゃないの？」と思うような事業を立ち上げている人もいます。

それでも本人は真剣に、「お金にならなくても、世の中の役に立ちたいんです」「世の中を変えたいんです」と答えるのです。

私はバブル世代ですから、若いころは、まわりを見ていても「お金持ちになりたい」「いい家に住みたい」「いい車に乗りたい」と考えているような人ばかりでした。ひと昔前まで、そういう理由で起業をする人も多かったでしょう。

だからいまの若者の話を聞いていると、世のため、人のためという意識が高いので反省させられます。

そういう若者を見て、オールドタイプの人間は「欲がなさすぎる。そんなんじゃ景気がよくならないよ」「発展途上国の若者に負けちゃうよ」と諭《さと》したりします。

しかし、社会の成熟度に応じて、国ごとにも世代ごとにも担う役割は変わるものでしょう。いまの若者は生まれたときから景気が悪かったとはいえ、家も車も家電もI

T機器もほとんどすべてが手に入った状態で育っているのです。

　これ以上欲しいものはなかなか見つからないでしょう。それで本人たちは幸せに暮らしているのだから、なにも問題ないのではないでしょうか。むしろ、分相応を心得ているので、健全な生き方だといえます。


「最近の若者はなにを考えているのかわからない」と思っている人ほど、若い世代とコミュニケーションを取るべきだ、と私は思っています。

　若者にできないことや知らないことがたくさんあるのは当たり前。それを教えて育てるのが、世の中の先輩方の役目なのです。

　若い世代を立派な社会人に導いていくことで、過去に上司や先輩から受けた恩を送っていくのだと考えてください。

　私は会社でコミュニケーションの仕組みをつくっていると前に書きましたが、その一環として3カ月に一度、社員全員でイベントを開くことにしていました。夏は納涼会、冬は忘年会と称して集まる日を決めていたのです。

　普段も会社でこまめにコミュニケーションを取っていますが、それだけでは足りません。職場ではどうしてもとおり一遍の話になってしまいますが、そういう会合ではプライベートの話も出て、社員の意外な一面と出会えるのです。

「へえ、そんな趣味があるんだ」「学生時代はそんなことをしていたの？」など、発見の連続です。

こういう集まりも気が向いたときに開くことにすると、若い世代は面倒に感じるので、仕組み化して定期的に開くほうがいいと思います。そうすると若い世代も素直に参加してくれます。

たとえば、新入社員から「会社の忘年会には絶対出なくてはいけませんか？」と聞かれたとき、「そんなの当たり前だろう」のひと言ですませるのではなく、なぜそう思うのか、そんなことをいうのかを尋ねてみると、仕事観が世代によって違うのだとわかるでしょう。


実際に若い人たちと接し、若者が行くような場所に行き、若者が読んでいるような本を読んでみる。そうやって相手を知る努力が大切ではないでしょうか。

みなさんも若いときは、上司や先輩たちから、「いまどきの若者は……」と思われていたことを忘れてはいけないと思うのです。

「自分は新人のころから社会人として一人前だった」と思っているかもしれませんが、それは仕事ができない自分を周囲が寛容に受け入れてくれていただけです。そう思って間違いないと思います。

私はよく、**「自分を居心地の悪い場所に置いてみよう」**といいます。

いつも同じ仲間で集まり、同じ居酒屋で騒いでいるのなら、なんの発展性もないでしょう。居心地がよくてラクかもしれませんが、自分の成長は止まってしまいます。

人間力を鍛えるためにも、常に居心地の悪い場所を選んで脳に汗をかくような体験をすべきです。

あなたが、若い世代と交流するのは居心地が悪いと感じているのなら、そこにこそ成長のチャンスがあります。自分のためにも、居心地の悪さをどんどん体験してみましょう。

STRATEGY 16

「損得」から一歩離れてみる

すると、大事なものが見えてくる

前述した『GIVE&TAKE「与える人」こそ成功する時代』は、人間関係を見直すためにも必読の書です。

この本の監訳を務めた楠木建《くすのきけん》氏は、日本は「ギバーが多い社会」だと前書きの部分で語っています。

たしかにそうかもしれません。

以前、山崎製パンのドライバーが配送中に大雪のためサービスエリアで足止めを食らった際、まわりの人たちに積み荷のパンを配ったというエピソードがネット上で話題になりました。

その状況はツイッター（現X）などで拡散され、山崎製パンの株価は急上昇。東証の食料品セクターでの値上がり率はトップになったといいます。

ひとりのドライバーの判断で積み荷を無償で配ってしまうわけですから、当然、それなりの覚悟が必要だったはずです。

東日本大震災のときも、多くの人が見返りを期待せずに被災地に救援物資を届けたり、現地でがれき処理をしたりするなどのボランティア活動をしていました。そして、被災した人たちですら、譲り合い、助け合う姿に世界中の人たちが感嘆したのです。

日本人は根っこに「ギバーの精神」が根づいている、稀有《けう》な民族なのかもしれません。それが普段は埋もれてしまっているだけで、なにかのきっかけで引き出されるのかもしれないと私は考えています。

仏教には「**利他**《りた》」という教えがあります。利他とは「自分の利益よりも他人の利益を優先すること」という意味で、まさにギバーそのものなのです。

ビジネスにおいて利他の精神を体現する人に、北九州に拠点を置く美容室「バグジー」の社長、久保華図八《くぼかずや》氏がいます。

久保氏は、ハリウッドで有名人のヘアメイクを担当し、日本に帰国後、バグジーを設立します。当時はバリバリの成果主義で、儲けることにすべての情熱を傾ける経営者だったといいます。

カリスマ美容師としてもてはやされ、店は繁盛していました。しかし客には横柄な態度を取り、自分は遅刻して客を待たせても悪びれず、反対に客が5分でも遅れると「今日は切らない」と追い返したそうです。

スタッフを恐怖政治で締め上げていたので、常に店はピリピリモード。やがて、50名の社員のうち幹部を含めた38名が、一斉に会社を辞めてしまいます。一気に倒産の危機に陥ってしまったのです。

それをきっかけに反省した久保氏は、経営方針を大きく変え、従業員の幸せを追求する会社にしたのです。

現在、美容業界は全体的に経営が苦しく、社会保険ではなく国民健康保険に加入する従業員がほとんどだといいます。

しかし、バグジーは、社会保険を支払い、給料も同業者と比べて高く設定していいます。また、合宿や社員旅行と、従業員の満足を高めるイベントを頻繁に行なっているのです。

また久保氏は、ボランティアなどを積極的に行なっており、それを通して利他の精神を持つスタッフを育てることにも力を注いでいます。

その一環として、病院や養護施設などを訪ねて髪を切るボランティアを行なっています。休日に駆り出されることもあるため、はじめはしぶしぶ参加するスタッフもいたそうですが、カットを終え高齢者の方たちが喜ぶ姿を見て、人の役に立てる喜びを感じるようになったのです。

■私が起業を目指す人に〝無料〟でアドバイスした理由

従業員が満足できれば、それは仕事の向上心へとつながっていきます。その向上心は、技術やサービスとして客へ還元されるわけです。客の満足度に結びつき、結果としてお店の利益にまでつながっていきます。

その証拠に、経営方針をあらためたバグジーは、しのぎを削る美容業界のなかで、業績を毎年120％アップさせているそうです。

採算を度外視してスタッフの幸せを追求した結果、めぐりめぐって利益となって返ってきた、まさに「ギバー」の成功実例でしょう。

競争しか考えないと、他人の成功＝自分の損だととらえて、妬みが生じるかもしれません。**これからは、競争から一歩離れる心構えが大切**なのです。

私も、起業したい人の相談は、基本的に無料で受けてきました。

以前は「会いたい」といわれれば基本的にすべての方の相談に乗っていましたが、あまりにも数が多くなってしまったことと、あまりにも非常識な人がいて社員にも迷惑をかけたこと、さらに身の危険を感じるようなこともあって、いまは知人の紹介を受けた方に限定しています。

なぜ、私が無料で相談に乗ってきたかというと、自分が先輩たちからそうしてもらってきたからです。

私も起業前には独立された社長さんやコンサルタントの方に、どんどん相談しました。なかには著名な方も複数いましたが、みなさん親身になってアドバイスしてくださったのです。

そこでうかがった話がとても刺激になり、独立する励み、弾みになりました。

そうやって、さまざまなところで恩をいただいたからいまの私があるのだと思っています。その恩を世の中に返そうと強く意識するようになったのは、やはり40代になり仕事にも精神的にも余裕が出てきたからでしょう。

みなさんも、自分のできる範囲内でかまわないので、身近なところで小さな恩送りを心がけてみてほしいのです。たとえば、人を紹介するのも、恩送りのひとつです。

私がサラリーマン時代に尊敬していたのは、人脈が豊富な上司です。仕事の相談をすると、「その件なら、あの人に聞いてみなよ」とその場で電話をかけて、「ウチの藤井が行くからよろしく」と頼んでくれる上司がいました。

素直にカッコいいなと憧れましたし、自分のために人脈を使ってくれるのはとてもありがたいと思いました。

それができるのは、40代だからこそではないでしょうか。**みなさんにも、人に与えられるような財産が必ずあります。**ぜひそれを活用してみてください。

STRATEGY 17

「サードプレイス」を見つける

家庭でも、職場でもないそこにあるチャンス

「サードプレイス（第三の場所）」という言葉をご存知でしょうか。

この言葉は、アメリカの社会学者、レイ・オルデンバーグの著作『サードプレイス』（みすず書房）で生まれました。

家庭（第一の場所）でもなく、仕事の場（第二の場所）でもない「第三の場所」が、人が社会で生きるための重要な役割を果たしている。それを指摘したのが、この「サードプレイス」という言葉です。

たとえば、40代にもなれば、居酒屋やスナックのような、行きつけの飲み屋を持っている方も多いと思います。あるいはひと息つける、昔ながらの喫茶店を憩《いこ》いの場にしている人もいるでしょう。

このサードプレイスをコンセプトにして、大成功を収めてきたのがスターバックスです。

スタバは普通のチェーン店のコーヒーショップとは違い、内装にも凝り、ソファが置いてある店もあります。そしてスタッフは気さくに話しかけてくれて、客がいつも頼む注文を覚えていたりするのです。

サードプレイスというのは、そんな行きつけのお店のように、不特定の人たちが交流できる空間を指しています。

大事な要素は、そこで交流が生まれていることです。

西欧では市民の多くが行きつけのサードプレイスを持っています。人々は家と職場を移動する間に、カフェやパブへ毎日のように立ち寄ります。

またイタリアでは、多くの市民が散歩をしながら広場に集うという文化が根づいています。そこで知り合った人たちと交流しているのです。

日本でも、地元の銭湯や井戸端会議など、昔はサードプレイスがありました。しかし核家族化が進み、ライフスタイルが多様化したいま、地域との接点を持つ場はほとんどなくなったといえるでしょう。

いまは、社会とのつながりを持てる場を自分でつくっていかなければならない時代なのです。

会社に勤めているときは、家と会社の往復だけですむでしょう。そこで孤独は感じないかもしれません。あるいは孤独を感じないために忙しくしている人も多いと思います。

けれども、会社を去る日は必ずやってきます。そのときにどうなるのか。その生活をいまからイメージしておくべきでしょう。

最近、「シェアハウス」が注目されています。シェアハウスは水まわりやリビングなどを共有し、それぞれが個室を持ちつつ共同で暮らすというスタイルです。これもサードプレイスのひとつの形だといえるでしょう。

以前は家賃を抑えたい若者や、留学生が住むというイメージがありましたが、いまは家賃が普通の部屋並みに高い、プライバシーを重視したシェアハウスも増えてきました。

ネットが発達してリアルのコミュニケーションが退化したといわれていますが、いまは原点回帰しはじめているのかもしれません。

人はやはり、人と直接会話し、触れ合うことでしか心が満たされないのではないでしょうか。

■自分の職業スキルを活かす社会貢献――「プロボノ」とは？

「サードプレイス」は、場所に限った話ではありません。

趣味やボランティア、地域コミュニティといった活動も、立派なサードプレイスになるでしょう。

ここ数年、自分の職業スキルを活かして社会貢献するボランティア、「**プロボノ**」という活動が、日本にも広がっているそうです。

これはアメリカで生まれた活動で、もともとは弁護士などの限られた業界で一般的だったボランティア手法です。

それが他の職種にまで波及していったという経緯があります。

　このプロボノの活動が支援するのは、主にＮＰＯなどの非営利団体です。

　ＮＰＯは資金や人材が不足になりがちです。専門スキルを持った現役の社会人をマッチングさせてそれを補うのが、プロボノの役割になります。

　たとえばプログラマーなら、団体内で使うシステム開発をする仕事などがあります。またウェブデザイナーなら、団体のウェブサイトのデザインなどを手がける仕事があるでしょう。営業マンなら、ＮＰＯの活動をどう宣伝するかで知恵を貸せるかもしれません。

　これらは期間を定めたプロジェクトとして行なわれるため、プロジェクトを管理するチームリーダーも必要になります。そこで、マネジメントの経験者もプロボノで募《つの》るというわけです。

　ＮＰＯにとっては、専門家によるプロの仕事が手に入ります。プロボノワーカーにとっては、プロジェクトを通じて新しい人脈ができるなど、互いにメリットのあるボランティアといえるでしょう。

　近年は「スキルアップがはかれる」という理由から、企業が社員のプロボノ活動を組織的にあと押しする動きも見られます。

ボランティアや地域活動に会社の肩書は関係なく、もちろん上下関係もありません。いろいろな立場の人と交流する楽しみが、そこにはあるのではないでしょうか。

「サードプレイス」についてお話ししましたが、「ファーストプレイス」（第一の場所）である家庭も、一番小さな単位の「社会」であり、大事な居場所です。

30代は子どもがまだ小さいので夫婦のコミュニケーションも多く、家族でそろって行動することが多いでしょう。しかし、40代になるころには、子どもは中高校生くらいになって家族よりも友達と行動するようになり、早い家庭では子どもは独り立ちしています。そうすると、夫婦間のコミュニケーションも少なくなっていくのです。

40代は家庭でも正念場を迎えるのだ、と考えてください。

みなさんは、電車やバスのなかでこんな光景を見たことはありませんか？　熟年夫婦が隣り合って座っていながら視線を合わせることなく、まるで他人同士のようにしゃべらず、そっぽを向いて座っている……。

彼らはけっして夫婦喧嘩中ではないのです。おそらく旦那さんは定年退職をして、いままでサポートしてくれた奥さんをねぎらうために一緒に出かけているのでしょう。

ところが、奥さんはつまらなそうな表情で、旦那さんから話しかけられても生返事しかしないのです。

いったいなぜこうなってしまったのでしょうか？　原因はともかく、女性はいったん相手を嫌いになると、気持ちがもとに戻ることはほとんどない、などとよくいわれます。

ここまで仲が冷え込むまでに、なんとかしなくてはなりません。

リクルートが発行しているフリーペーパーR25のウェブ版のアンケートによると、妻が「許せない」と思う夫の行動の1位は服を脱ぎっぱなしにする、2位は照明をこまめに消さない、3位はモノを出しっぱなしにして片づけない、でした。

どれもささいなことですが、そういう小さな不満が積もり積もってある日爆発する例もあります。

もしくは、子どもが手を離れてから夫婦で過ごす時間がなくなり、心が離れていったとも考えられます。

やはり、**40代は家族との関係を再構築する時期だ、**といえるでしょう。

3章

次の「上のポジション」を狙う

――40代でさらに伸びる人、ここで止まる人

STRATEGY
18

「60歳で独立する」つもりで戦略を立てる

会社は「ビジネススクール」のようなもの

私は年に一度、誕生日に、「自分の人生の棚卸し」をしています。

棚卸しは、自分がいままでどういう人生を送ってきたのか、この先どういう人生を送りたいのかを見つめ直す作業です。

私は、生まれたときから90歳までの「人生年表」をつくっています。年号と自分の年齢を書き、どの年齢でなにが起きたのかを書き込んでいっているのです。

項目は「仕事」「家族」「プライベート」の三つに分けています。

0歳から4歳までは幼児、4歳で幼稚園に入り、6歳で小学校に入学し、18歳で大学生になり……とざっくりと社会人までの経歴を書き出します。

22歳から34歳で起業するまでは金融会社のサラリーマンでした。

ただ、サラリーマン人生のなかでもさまざまな節目があります。12年間のサラリーマン生活のうち、海外に5年間駐在していましたし、帰国してからは週末起業を3年間続けて独立の準備をしていました。

そうやって振り返ってみると、**考えていた以上にこれまで自分はさまざまな経験をしているのだ、**と実感します。

独立して4年間は、個人事業主としてセミナー講師をしたり、本を執筆したりしていました。5年後には社員を雇ったので経営者になりました。いまの会社を創設したのです。

年表は未来のぶんも考えてあります。

60歳で投資家になる、70歳でボランティア活動に勤《いそ》しむ、そして90歳で人生を終える――という人生設計を立てているのです。

この年表には、子どもの年齢や親の年齢を書く欄もあります。そうやって家族の人生も同時に考えるのです。

そんな棚卸しをしてみると、**60歳以降の人生がいかに長いのか**に気づかされます。

ビジネスパーソンの場合、定年が65歳まで延びたとしても、90歳まで生きるとしたら25年、１００歳まで生きるとなると35年もあるのです。定年後の人生を惰性で生きるには、あまりにも長すぎます。

私の知り合いで、会社を引退し、働かなくても食べていけるだけの老後の資金はあっても、働いている人がたくさんいます。彼らに「どうして働くのか？」と尋ねると、「時間があるから」「生きがいを感じたいから」「社会とつながっていたいから」と答えます。

私は、**会社というのは「ビジネススクール」であり、いずれ卒業すべきだ、**と考えています。

会社は、仕事を教えてくれますし、私のように海外に行くチャンスも用意してくれることもあります。しかも給料までくれる最高のビジネススクールです。

ただし、誰もがいずれ会社を辞めて起業するべきだとすすめるわけではありません。

スクールは本番に備えて訓練するところです。定年で会社を離れてからの人生が本番だと考えるなら、いまはそのために訓練する期間なのです。

■失っている「自分の時間」を取り戻せ

なんでもいいので、「60歳で独立しよう」と考えてみてください。

起業に限らず、NPO法人やボランティア団体を立ち上げて地域に貢献するのも「独立」に含まれます。自宅でなにかの教室を開くのもいいでしょう。

そこから逆算して、いまやらなくてはならないことを考えてみるのです。資金が必要ならお金を貯めなければなりませんし、技術が必要なら訓練しなくてはならないでしょう。

やみくもに勉強するのは無駄になりますが、将来必要な勉強はしておくべきです。

さらに、コネが必要なら社交的な生活をいまから送っておかなければなりません。

かつて、『金持ち父さん　貧乏父さん』（ロバート・キヨサキ著／筑摩書房）が流行ったころ、アーリーリタイアメントに憧れているビジネスパーソンが大勢いました。

最近は、「FIRE」という言葉も浸透してきました。

40代までに稼げるだけ稼ぎ、50代からは悠々自適の生活を送りたい――そう願っている人はいまも多いでしょう。

けれども、実際にそういう生活を送ってみると退屈なようです。アーリーリタイアメントは労働を「罰」だと考える欧米にはなじみますが、労働を「美徳」とする日本にはなじみません。

聖書のなかで、アダムとイブが禁断のりんごを食べてしまい楽園から追放される、というくだりがあります。そのとき、神はアダムに生涯働き続けるよう、労働を罰として与えたのです。

そこで欧米では仕事に幸福を求めず、余暇やプライベートに幸福を求める傾向があるといわれています。

40代は仕事が最も大変な時期なので、方向転換をするのが難しいと感じる人もいるかもしれませんが、無駄な残業や、飲みに行く時間を減らして時間をつくればいいだけです。

まわりに流されている毎日をシフト・チェンジすること。そして、失っている「自分のための時間」を取り戻さなければいけません。

STRATEGY
19

「守り」に入るのは10年早い

「いまのあなた」は、5年前に決まっていた

私は34歳で起業しましたが、それまで勤めていた金融会社の同僚とは、いまでもたまに会っています。

彼らは40歳を過ぎたあたりから、二つのタイプに分かれていると実感します。

ひとつは、まさにビジネスパーソンとして一番脂が乗っている時期というのにふさわしく、バイタリティがあふれているタイプ。よく働き、よく遊び、いつも忙しそうにしています。

もうひとつは、元気がまったくないタイプ。出世レースから外れたり、希望の仕事ができなかったりして、働くモチベーションが落ちてしまっています。

このタイプは、会社へのグチをこぼすか、「いまの収入では住宅ローンを払うので

手いっぱいだよ……」などと不安を口にするのです。

出世できるかどうかは、運も必要ですし、能力だけの問題ではありません。けれども、これから定年までの長い社員生活を、ずっとグチをこぼしながら送ってしまっていいのでしょうか。

この先の人生を幸せに生きるべく、どこかでリセットしなければならないと思うのです。

いまは8割の人が課長にすらなれない時代、といわれています。

バブル崩壊後、企業は子会社を閉鎖したり、事業を統合したりして、組織のスリム化をはかった結果、ポストは大幅に減ってしまいました。

加えて、大手企業の役職定年は早いところで課長が52歳、部長が54歳、遅いところで課長が56歳、部長が58歳くらいだといわれています。50代のベテラン社員がポストを退かない限り、空きが出ないということです。

いまも年功序列がまだ残っている企業はありますが、終身雇用はもう約束されません。

いわば終着駅のない線路を古い電車で走っているようなもので、線路の先が途切れている可能性に気づかない人が多いのです。

おそらく就活で苦労した40代は、「いつまでここで働けるのか」と危機感を持ってきたはずです。

それでも危機感だけでなにも行動を起こさなければ、いざ50代になったときに、企業にしがみつく以外の選択肢を持つことができないと思います。

■いまの会社に自分の未来はないと思ったら——

かつて私のセミナーで学んでいたある方は、大手家電メーカーに勤めていました。40歳で主任を務めていましたが、リストラの対象になってしまったのです。

とはいえ、露骨にクビを切られたわけではありません。転勤しないかわりに給料が減る地域限定社員になるよう、上司にすすめられたのです。家族がいるので給料が下がるのは困ると食い下がったのですが、聞き入れてもらえず、「これはもうダメだ」と悟ったそうです。

そこで、彼は、趣味のバドミントンでビジネスをできないかと考えました。いきなり起業するのはリスクがあるので、まずは私のすすめる「週末起業」のスタイルで、平日は会社で働き、週末だけバドミントンの仕事をすることにしたのです。

具体的には、日本ではじめてのバドミントンのメルマガを発行したところ好評だったので、バドミントンの知識をまとめたＤＶＤをつくって販売しました。

すると、10日間で55万円もの売り上げを達成したのです。半年ほど週末起業を続けて、独立できるメドが立ってから、バドミントン用品の販売やビデオ撮影編集を手がける会社を立ち上げました。いまではバドミントンのグッズを販売する店舗を構えるに至っています。

彼のように、**いまの会社に自分の未来はないと気づいたら、なにか行動を起こすべきです。**

出世できなかったからといって人生が終わりになるわけではありません。40代で、なにか行動を起こせば、そこから逆転の人生が待っている可能性もあります。

過去の自分が、いまの自分をつくっています。いまの自分が未来の自分をつくります。

あなたの5年後、10年後は「いま」で決まるのです。「いま」のあなたは、5年前、10年前にすでに決まっていたのです。

なにかをはじめたいと思ったときに、もう躊躇している時間はありません。

まずは動いてみる。実践してみる。

そこから突破口は開けます。

STRATEGY 20

「感謝」を忘れると、すべて裏目に出る

立場が上がるほど忘れてはいけないこと

40代の10年間をどう働くかは、残りのビジネス人生の明暗を分けます。さらにいうなら、定年後の人生にも影響を及ぼすでしょう。

40代は、仕事を過去の延長線上でそれなりにできてしまうことが多くなります。なにかトラブルが起きても、いままでの経験則から大事に至る前に解決できる場面も増えるでしょう。

しかし、人は万能ではありません。衰えてくる能力は衰え、伸ばせたはずの能力も伸ばせなくなってきます。

キヤノン電子会長の酒巻久《さかまきひさし》氏が、こんなことをいっています。

「いまの40代は20代、30代のころとそれほど変わらずに、最前線を走り続けている人

が多いのではないか。しかし、**走り続けることに熱中していてはダメ。技術者なら技術の面で、営業マンなら営業力の面で、どんなに努力しようとも若い世代と勝負できなくなるときがくる**」

だから、40代は自分の強みをしっかりとつくれるように働き方をシフトしなければなりません。**力技でもなく小手先のテクニックでもない、自分だけの「強み」がないと40代は評価してもらえないのが現実なのです。**

それでは、40代は、なにを強みにすべきでしょうか。

そのひとつは、やはり、「マネジメント力」だと思います。

役職につくとプレイングマネジャーとしての実績を求められます。現場の第一線でも結果を出すとともに、何人の部下を指導できるかという手腕も問われるのです。

この二つを両立させるのは想像以上に大変でしょう。

たとえば、**部下に仕事を任せているつもりでも、「ここの会社の担当者とはつきあいが長いから、俺から頼んどくわ」と、途中から自分の仕事にしてしまっている。**これではいけないのです。

かわりに、その担当者と部下を引き合わせることで、部下の人脈づくりをサポートできればいいマネジメントになります。

部下に任せきる力、信じる力のように、マネジメントでは、いままでにない能力が必要になります。

やる気のない部下のモチベーションを高めるよう試行錯誤したり、ひとりで突っ走りがちな部下にブレーキをかけたりするのもプレイングマネジャーの役割です。

そして**どこの企業に移っても通用する能力を身につけないと、これからの時代は生き残っていけません。**

自分では転職する気はなくても、いまの時代はいつ企業が倒産するかわからないのです。いまいる会社でしかできない仕事をしていると、まったくつぶしがきかなくなるでしょう。

■業績が悪いときこそ試される〝上司の力量〟

マネジメントでは、日々のささいなやりとりも大切です。

私も会社を立ち上げて10年以上経営しましたが、ずっと試行錯誤しながらやってきました。失敗もたくさんしました。社員に厳しく指導したほうがいいのではないかと思い、声を荒らげて怒っていた時期もあります。

しかし振り返ってみると、できるだけ褒めるよう心がけ、ことあるごとに「ありがとう」と感謝し、**部下を寛容に受け入れていたときのほうが、間違いなく会社はうまくいっていました。**

会社経営には波があるものですが、業績が悪化すると心がすさんで、つい社員に厳しく当たることもありました。そういうときこそ笑顔で感謝するようにしたところ、自然と業績は上向いていったのです。

経営者向けの本では、よく「笑顔で社員に接しよう」「社員に感謝しよう」とアドバイスしています。けれども、心構えだけではなかなか身につかないものです。

私は、「毎日10回ありがとうという」ことをノルマ化していました。

スマートなやり方ではないかもしれませんが、携帯の待ち受け画面に表示したり、メモに書いて机の目立つところに貼ったり、自分に「今日、10回いいましたか?」と確認する自動メールがくるようにするなど、思いつく限りの方法を試しました。

立場が上がれば上がるほど、「ありがとう」という機会は減っていきます。したがって、それくらいしないと実行できないのではないでしょうか。

私も昔は、社長室などに「感謝」という額縁を飾ってあるのを見て、「嘘くさいなあ」と内心笑っていました。

けれども、いまはそうする意味がとてもよくわかります。**文字にして「見える化」しないと、なかなか感謝の気持ちは持ち続けられない**のです。

みなさんも、部下や家族に感謝の心を表すために、ぜひ、「ありがとう」というのをノルマ化してみてください。

実行したらその効果が必ずわかります。

STRATEGY
21

〝一か八か〟の転職や起業はNG

退却するときの〝砦〟をちゃんと残しておく

真面目にあくせく働いていたら、きっと報われるに違いない――。

実直で誠実なのは日本人のメンタリティでもありますが、それだけで評価してもらえるほど世の中は甘くはないのが現実です。プラスアルファの能力や強みがないと評価をしてもらえないのです。

これを理解しないまま起業してしまう人は、少なくありません。

たしかに、コツコツ真面目に仕事をしていれば、社内でも取引先からも評価してもらえるでしょう。

関係者にこまめに連絡を取り、相談を受けたら可能な限り対応する。それはまわりにとってありがたい存在です。「○○さんなら、安心して仕事を任せられる」といわれるかもしれません。

けれども、**組織のなかで評価される仕事と、起業して評価される仕事は違う。**このことははっきりとお伝えしたいと思います。

組織の一員として働いているときは、取引先はあなたとではなく、会社の「看板」と仕事をしているようなものなのです。

会社の看板がなくなったときに自分になにが残されているのか。それが「誠実さ」だけだったらやっていけないのです。

企業で求められるのは組織のなかでの役割ですが、起業したら「世の中」から役割を求められます。

たとえば、ファイナンシャルプランナー。生保や銀行に勤めているファイナンシャルプランナーは、基本的に自社の商品を売り込むのが仕事になります。自分が属している企業の利益を考えるのが目的になるでしょう。

しかし、独立したら、顧客のライフスタイルに合わせて資金計画を立てるのが仕事になります。つまり、会社の利益ではなく顧客の利益を考えるのが目的なのです。

この違いを理解しておかないと、独立してから高額の商品ばかりを売り込んで、顧客に不信感を抱かれることになってしまいます。組織のなかでの役割を、外に出てそのまま演じると失敗してしまいます。

■あなたは〝外〟でどれくらい通用する人材か

私は40代での転職や起業も応援しています。

ひと昔前は、35歳転職限界説もありましたが、いまは40代の転職も盛んです。どの企業も即戦力が欲しいので、あらゆる仕事の経験を積み、マネジメント力もある優秀な40代は喉から手が出るほど欲しいのです。

だからといって、誰もが転職に向いているわけではありません。いまはヘッドハンティングも活発なので、その業界である程度の実績がある人なら、ヘッドハンターから一度か二度は声をかけられていても珍しくありません。

もし、まだヘッドハンターに声をかけられた経験がないのなら、外部に示せるほどの実績を出せていないのかもしれません。転職をするなら、そこまでの実績を築いてからのほうが成功する確率は高いと思います。

いまいる会社で評価されていても、それが会社の外に出たときにも通用する評価だとはくれぐれも思わないことが大切です。

いまの会社を無鉄砲に飛び出すのではなく、きちんと家族を養っていけるかどうか、よくよく検討してから転職すべきなのはいうまでもありません。

そのためにも、起業や転職で失敗しても戻ってこられるように、いま勤めている会社との関係も良好にしておくことです。

背水の陣で飛び出すのではなく、退却するための砦《とりで》も残しておくのが、40代からのワーク・シフトで大切な心得なのです。

STRATEGY
22

教養を通してしか築けない人脈がある

40代で〝年相応〟に身につけておくべきこと

松下電器（現パナソニック）の創設者である松下幸之助氏は、学歴はありませんでしたが大変な教養人でした。

40歳を過ぎてから茶道をたしなみはじめて、裏千家の老分《ろうぶん》（裏千家の重要役職で、流派のお目付役でもある）も務めています。

松下氏は、昭和40年という早い時期に、いまでは当たり前の週休二日制を全国に先駆けて導入した人物であるといわれています。

そのときのスローガンは「**1日休養、1日教養**」でした。

日曜日の休みだけでは休養だけで終わってしまう。そこでスキルアップのための時間として土曜日を休みにしたのが、この制度の目的だったのです。

増えた1日は、経済人として、社会人として、自分を向上させるための勉強にあてているか、つまり、教養を身につけるために利用しているかが問われたのです。

現在、多くのサラリーマンが、土曜日と日曜日を「2日休養」だと思っているのではないでしょうか。

お昼近くまで眠っていたり、テレビやネットを見て過ごしていたりするだけでは、生産性のある生活を送っているとはいえません。

40代は意識して教養を身につける時間をつくるべきではないでしょうか。

20代のころは車やファッション、芸能界の話題、スポーツなど興味の範囲が狭くても仕方がないかもしれません。仕事を覚えること、こなすことに一生懸命で、「教養」を身につけるゆとりがない人もいるでしょう。

しかし、それが許されるのは、せいぜい30代半ばまででしょうか。40歳前後になって車やファッション程度の知識しかないと、知的レベルが低いとみなされ、プライベートでも人間関係が広がっていかないと思います。

「教養」を通してしか築けない人脈というものもあります。

そういわれても、いまの自分の仕事にたいした教養など必要ないと思っている人もいるかもしれません。はたして本当にそうでしょうか。

商談でゴルフや芸能界の話ばかりをしているようでは、相手によっては「話題が乏しい」「底が浅い」と思われてしまいます。

20代、30代なら「不勉強で……」ですまされることでも、40代は不勉強ではなく「向上心のない」人と思われ、評価が急落するのではないでしょうか。

欧米でエリートといわれる人は、高い教養を持っています。自国の歴史や文化に詳しく、日本の歌舞伎や文楽にも興味を持っていたりします。

海外に商談に行ったときに、たとえば、歌舞伎の歴史について尋ねられて、とっさに答えられるでしょうか。

英語はできなくても通訳を連れていけば問題ありませんが、教養がないのはカバーできません。

欧米ではどんなに仕事ができても教養がないと評価されないのです。日本でも大企業のトップは多読家の人が多いですし、茶道や歌舞伎を趣味とする人も少なくありません。

トップレベルの人たちは、仕事力だけではなく、教養なども含めた総合的な人間力が高いからトップにのぼりつめられるのだと思います。

■40代は、知識を〝浅く広く横に〟広げる

それでは、どうしたら教養を身につけることができるのでしょうか。

「教養」を辞書で調べると、いくつか意味がありますが、「社会生活を営むうえで必要な文化に関する広い知識」と書かれています。

教養を身につけるためには、芸術、文学、哲学、古典などの知識を学び、この奥深さを楽しめる能力が必要なのです。

とはいっても、歴史や古典は苦手だとためらう人もいるかもしれません。しかし、教養を身につけるのは学生時代の勉強とは違います。必ずしも、難解な本を開いて学ぶ必要はないのです。

ＮＨＫの大河ドラマや、歴史や文学のドキュメンタリー番組から歴史好きになる人

も大勢います。歴史関係のマンガを読むのもいいでしょう。学生時代は暗記に終始していた年号や戦《いくさ》の名称も、どういう背景で起こったのかがわかると、はじめて生きた知識になります。

また、茶道や陶芸などは体験教室もあります。一度体験してみるだけでも知識レベルがかなり変わってきます。

40代の教養は、興味のある分野を掘り下げるのも大切ですが、浅く広く横に広げることはもっと大切だと思います。

歴史や文学、古典を身につけるのは時間がかかるので、引退して時間ができたら学ぼうと思っているのなら遅すぎます。いま興味があることは、いま学ぶのが一番です。

教養がなくても生きてはいけます。

でも、人生を豊かに生きたいのなら、教養は欠かせないのです。教養の大切さは、身につけた人にしかわからないものなのかもしれません。

教養は、意思決定をするときにも必要になります。伝統文化や歴史は、人類の知恵の宝庫です。戦国武将を模範にする経営者が多いのは、戦略の練り方が現代のビジネスにも通じるからです。

30代までは目の前のことを考えて決断していればよかったでしょう。**40代になり責任や権限が大きくなればなるほど、会社や業界全体のこと、場合によっては地域や国家のことまでも考えなくてはならなくなります。**そういうときに必要になるのが教養なのです。

また、パソコンの普及により情報は増えましたが、逆に振り回されている人は大勢います。ネットでブログなどが炎上するのもそのせいでしょう。

受け取った情報をじっくり分析する前に、感情的に反応してしまうのです。

そういう情報を精査する力は、教養や知性によるところが大きいと思います。情報を鵜呑みにするのではなく、情報の背景になにがあるのかを自分の頭で考えられるのは、「リテラシー」があるからです。

そしてリテラシーを鍛えるのが教養や知性なのです。

STRATEGY
23

40歳からの読書術——なにをどう読むか

自分なりのテーマを持って本を選べ

本書を手に取ったみなさんは、もともと読書好きだと思います。

20代、30代までと40歳を過ぎてからは、本の選び方も読み方も変わってくるのではないでしょうか。

40歳になったら、いわゆる〝ノウハウ本〟はひと休みしてもいいでしょう。

仕事術の本や話し方本、コミュニケーションの取り方などのノウハウ本を参考にするのは20代、30代まででではないでしょうか。

40代にもなれば、これまで数えきれないほど失敗を経験したなかで、自分なりの仕事術やコミュニケーションの取り方を確立しているでしょう。人のノウハウに頼らなくても、自分の経験則で充分にやっていけるはずです。

ビジネス書でも、先にご紹介した『GIVE&TAKE「与える人」こそ成功する時代』や、この本のアイデアを得た『ワーク・シフト』（リンダ・グラットン著／プレジデント社）といった翻訳書は40代にもおすすめです。松下幸之助やドラッカーの本も必読でしょう。

他にも、『グッド・ライフ』（ロバート・ウォールディンガー、マーク・シュルツ著／辰巳出版）、『「本当の自分」がわかる心理学』（シュテファニー・シュタール著／大和書房）、『ロングゲーム』（ドリー・クラーク著／ディスカヴァー・トゥエンティワン）、『ジェームズ・クリアー式　複利で伸びる1つの習慣』（ジェームズ・クリアー著／パンローリング）、『限りある時間の使い方』（オリバー・バークマン著／かんき出版）などの本が、40代の生き方を考えるうえでおすすめです。

大前研一氏の本のようにグローバルな視点を養えるビジネス書も、管理職になるような人は読んでいます。

つまり、**ビジネス書でも、すぐに役立たない本こそ、40代にはじわじわと効いてくる**のです。

私は40代のころから、「日本」に関連する本を集中的に読むようになりました。年齢的にも日本の歴史や文化を再認識する時期なのかもしれませんが、2021年の東京オリンピック招致の決定で、日本について学んでおきたいという想いは一層強くなりました。

オリンピックの時期は海外から大勢の人が来日して、外国人との接点も増えると考え、そのときに、外国人と対等に会話できるような情報を仕入れておきたいと思ったのです。

たとえば、村上春樹氏の小説は海外でも人気が高く、また『源氏物語』や『枕草子』などの古典も知っている外国人は大勢います。

そういう人と議論するために、村上春樹氏の小説も全部読みましたし、学生時代に習った日本の古典もあらためて読みなおしています。

ただ読むだけではなく、自分なりの意見を述べられるくらいのレベルになりたいと考えて読みました。

そうやって、**自分なりのテーマを持って本を読むと教養が身につく**のではないかと思います。

■大事なのは「考えながら読む」こと

私は歴史ものが好きなのですが、司馬遼太郎の作品は若いころに読むのと、いま読むのとでは、受け止め方がまったく違うものです。

若いころは「竜馬はカッコいいなあ。こんなふうになりたい」と単に憧れの対象でしたが、40代くらいから「彼はこのときなにを考えていたのだろうか」などと登場人物の内面を考えながら読むようになりました。

読書だけでなく、TVドラマも見方が変わってきます。たとえば私が40代のとき、NHKの大河ドラマで放映されていた『真田丸』は、真田幸村が主人公です。

真田幸村の名前は知っていても、具体的にどういうことをした武将なのか、知らない方も多いと思います。

真田幸村は徳川家康が大坂城を攻めた「大坂冬の陣」の際、豊臣方についていました。

このとき、豊臣秀頼の側近たちは大坂城に籠城する策を考えていました。真田幸村らはその策では勝ち目がないと考え、積極的に攻撃に出るよう側近に提案しても、受け入れられませんでした。

そこで、真田幸村は大坂城の南側が守りに弱いと指摘し、そこに砦を築きたいと申し出ました。それでもなお、許可を得られません。幸村はあきらめずに仲間の力を借りながら説得を続け、ようやく砦をつくる許しを得ました。

この出城の名前が「真田丸」です。ここに敵をおびき寄せて徳川方に大打撃を与え、豊臣家を救ったのです。

こういう話を聞くと、「会社と同じだなあ」と感じたりしないでしょうか。

古株の社員は現状維持ばかりを考えている。危機感を抱いた若手社員がどんなに改革や改善を提案しても、一向に受け入れようとしない。このまま衰退していく会社に残るべきか、なんとか上の人たちを説得して、改革すべきか――そのような状況で自分ならどう説得するのかを考えると、がぜん歴史は面白くなります。

40代はさまざまな人生経験を積んだぶん、本を読んだり、TVや映画を観たりしても感じることに深みが生まれます。読書やドラマ観賞の醍醐味を感じられるのは40歳くらいからだといえるかもしれません。

STRATEGY

24

「異業種」の人の話を聞け

面白い人間、つまらない人間の分岐点

視野の広い人と、狭い人の違いはどこで生まれるのでしょうか。

それは「好奇心」の有無だと思います。

私は大学時代、バイトでホテルのボーイをやっていました。

時給に換算すれば、家庭教師のほうがずっと割はよかったのですが、あえて選びませんでした。

ボーイのほか、左官業や植木屋などでのバイトもしました。それは社会人になったら絶対にやらないだろうと思える業界を知りたかったからです。

ホテルでバイトしている人たちは、実にさまざまでした。一流大学出の作家崩れ、芽の出ない役者の卵、歌舞伎の女形崩れなど、めったに出会えないような人と交流で

きたのです。本当に刺激的でした。

バブル期でしたから、ホテルの正社員には羽振りがよくて上から目線で接客する人もいました。

それに比べて、バイト社員は世の中でうまくいっていないと扱われがちな人たちです。

それでも自分の夢をあきらめていない姿を見ていると、「お金ばかりがすべてじゃないんだな」と、若いなりにいろいろ考えるきっかけになりました。

自分のまわりの世界だけを見ていたら、けっして視野には入ってこない世界があります。

2011年に『ニューヨーク・タイムズ』紙で米デューク大学の研究者、キャシー・デビッドソン氏の研究が発表され、話題になりました。

「2011年度に入学した小学生の65％は、大学卒業時、いまは存在していない職につくだろう」

そんな衝撃的な内容です。

この数値予測が実際に的中していたかどうかは問題ではなく、たしかに、私が子どものころはIT関係の仕事などありませんでしたし、私のような経営コンサルタントもほとんどいなかったでしょう。AIという新技術もいま生まれています。

一方で、なくなった職業、あるいはほとんど見かけなくなった仕事も数えきれないほどあります。カメラの現像屋、煙草屋、レンタルレコード屋、チリ紙交換屋……などです。

日本の伝統的な立場のように思われている専業主婦は、戦後の高度成長期になってから生まれたものです。

戦前までは女性も自営業や農業で働くのが普通で、一日中家事をしていたのは一部の女性だけだったといいます。専業主婦はわずか数十年の歴史しかないのです。

終身雇用も、実はそれほど歴史は古くありません。60年代に浸透していった概念であり、その時期も中小企業では転職が盛んだったといわれています。

つまり、**世の中の常識は簡単に覆るものなのです。いまから10年後、いまみなさんがしている仕事もなくなっている可能性があるのです。**

そういった世の中の流れを的確につかむためには、さまざまなネットワークを持っておくのが最善策です。

■自分のなかにつくっている〝同業種の壁〟を取り払う

人的ネットワークづくりで考えるべきことは、同業者ばかりではなく、いろいろな職業の人をネットワークに加えることです。

それは「つきあう人を固定化しない」ためです。さまざまな価値観を持ち、自分とはまったく違う生き方をしている人と交流すると、それだけで世界観が広がっていきます。

人的ネットワークを広げるには、自分から積極的にそういう場に出かけていく必要があります。

余力のある人は、就業規則をチェックしたうえで、休日に大人の社会勉強と称して、いまの仕事とはまったく違う仕事、たとえばホテルやコンビニなどでバイトをしてみるのもいいかもしれません。

接客の大変さがわかるだけでなく、世代ごとの行動パターンや世代別のニーズなど、世の中の仕組みが垣間見られます。

そこまで体力のない人は、積極的にいままでつきあったことのない人と出会えるような場を探してみるべきでしょう。

地域のボランティアやカルチャーセンターでやっている講座、たとえば中国語、将棋、卓球などの同好会に参加してみるのも一案ではないでしょうか。

地域のボランティアは、お子さんのいる方や仕事をリタイアした方、商店を営んでいる人など、それこそさまざまな年代、職種の人がいます。

高齢者と話をしていると、介護サービスの仕組みが話題にのぼることもあります。制度そのものを理解するのも難しいですが、運用面の問題点は実際に利用している人の声を聞いてみないとわかりません。

学生さんと話をしていれば、いまの就活情報がわかりますし、主婦の人からはPTAやモンスターペアレントの話、子どものお受験事情なども聞くことができます。

それはすべて、世の中の一部です。本を読んで知識を得るのも大切ですが、実際に体験している人の話を聞くと、よりタイムリーでより生きた知識が得られます。

そういう場で知り合った人とは、さほど頻繁に会わなくても、効率的に情報収集ができる可能性が高いでしょう。

スタンフォード大学のマーク・グラノヴェッター教授によれば、「**緊密な社会的つながりを持つ人よりも、弱い社会的つながりを持つ人のほうが、自分にとって新規性のある情報をもたらしてくれる可能性が高い**」とのことです。

親しい友人や家族といった自分と緊密なつながりのある人は、同じような環境、生活スタイル、価値観を持っていることが多く、自分の知っている情報と重なる情報が多いものです。

一方、**自分と弱いつながりの人は、自分とは違った環境、生活スタイル、価値観であるため、自分の知らない有益な情報を与えてくれる存在になりうる**のです。

そういう意味でも、同じ業種の人ばかりでなく、他業種の人と積極的に交流をはかると自分の知らない世界を知ることができます。

自分のなかにつくっている〝同業種の壁〟を取り払いましょう。職種や肩書ではなく、相手の人となりを見てつながりを持つかどうかを決めるべきだと思います。

STRATEGY 25

もう「他人と比べる」のはやめよう

人生は、自分の手でしか開けない

「同期入社なのに、あいつのほうが先に課長になった……」

いつの時代も、どこの企業でも、そんな恨みつらみはよく聞きます。

20代から30代前半までは、同世代の生活格差はそれほど大きくはありません。同じ企業の同期の場合、たいていは役職につきはじめる30代後半くらいから徐々に給料の差が大きくなっていきます。

役職についた同期は住む場所もいいところで、家族旅行ではいつも海外に行っているといった話を聞くと、つい自分の境遇と比べてしまうかもしれません。

しかし、一度人と比べはじめるとキリがないでしょう。

たとえば、クラス会に出席して、いい会社に勤めている同級生をうらやんだり、子どもを私立の小学校に通わせている同級生を妬んだりします。自分は不幸だと思い込んだり人は他人と比べることで、自分の幸せを確認したり、自分は不幸だと思い込んだりする生き物なのでしょう。

でも、それはナンセンスな話ではないでしょうか。上を見ても、下を見てもキリがありません。自分なりの幸せの基準を持つのが大切なのです。

なぜなら、いい暮らしをすることと、充実した人生を送ることはイコールではないからです。

40代になると、同級生との収入の差がはっきり生まれてきます。しかし、それは「能力の差」だけではなく、上司との相性で出世できなかったり、会社の業績で出世できなかったりするためなのです。

自分の努力が足りないという単純な問題ではないのです。

他人と比べる人生は、自分を追い込むだけです。

そんな感情に支配されているくらいなら、自分にしかできない生き方を目指すほうが、よほど建設的ではないでしょうか。

■「答え」は結局、自分のなかにある

家電蒐集《しゅうしゅう》家の松崎順一氏は、大手店舗ディスプレイ会社で、会社員として20年以上デザインの仕事に携わっていました。顧客もつき、昇進の話もありました。

しかし、管理職への昇進に違和感を覚え、42歳で退職し、独立しました。おそらく他人と比べる人生ではなく、本当に自分のやりたい道を極めたいと考えたからではないでしょうか。

安定した地位や収入を捨てて独立することに、家族からは猛反対されたといいます。それでも押し切るように独立して、結果的にはその道が正解でした。

いまは中古国産家電の修理や販売、展示のほか、テレビ、雑誌など各種メディア向けに家電のコーディネートを手がけています。廃棄された家電の発掘作業を通して、日本のみならず世界の古い家電を収集し、現代へ蘇らせているのです。

松崎さんは子どものころから家電の分解や改造が趣味だったそうです。つまり、趣味を仕事にできた恵まれたケースだといえます。

もし松崎さんが人をうらやむ性格だったら、このような人生の選択はできなかったでしょう。安定した生活を望む人が多いなか、あえて安定した生活を捨てて、自分の道を切り開いたのです。

もちろんこのご時世、危険を冒してまで転職や起業をする必要はありません。

ただ、「世間で決められた生き方」をなぞっている限り、自分らしい生き方をすることはできないと思います。

あらゆることにおいて、答えは結局自分のなかにあるのだと思います。人をうらやむことを決めたのも自分、満足できない人生だと決めたのも自分です。

自分の生き方は自分にしか決められません。

自分にしかできない生き方を見つけられれば、他人からどう思われようと、堂々と胸を張って生きられるのではないでしょうか。私はそう考えます。

4章

「悪しき習慣」を断ち切る

——この「40代の慢心」を知っておく

STRATEGY 26

「自分の時間」にシビアになる

40歳からの〝まわりに流されない〟生き方

最近、時間が過ぎるのが速いと思いませんか？


年を重ねるにつれ、若いころの1年が1カ月のようなスピードで過ぎていきます。

あなたは、もっと時間があったらなにをしたいですか？

海外旅行に行きたい、英会話をマスターしたい……さまざまな願望があると思います。20代、30代なら、漠然とそういった願望を持ってもいいでしょう。

しかし、繰り返しますが、40代はそれほどたくさんの残り時間があるわけではありません。

やりたいことがあるなら、あと回しせずに、いまからやるべきでしょう。

「いつかやろう」と思いながらこの先の人生を過ごすより、やりたいことをやっている人生のほうが、充実しているのはいうまでもないと思います。

それでも、「忙しくて時間がない」と言い訳する人もいるでしょう。

しかし、**40代にもなれば、仕事を減らすのは難しくないのではないでしょうか。中堅ともなれば、なにをやるべきか、なにをやらないべきかがわかってきているはずだからです。**

本当は時間をつくれるはずなのです。

それができないのは、部下に仕事を任せるのがヘタだったり、効率よく仕事をこなせていなかったり、あるいは毎晩のようにお酒を飲んだりしていて時間を浪費しているからかもしれません。

私は、**「40代は、いったん立ち止まって思考をめぐらせる時間を持つべきだ」**と思います。

1日10分でも15分でもかまいません。なんともなしにスマホでSNSや動画を見たり、メールをチェックしたりせず、思考の時間をつくってほしいのです。

ひと昔前は、タバコを吸う人たちはこういう時間がありました。喫煙所で物思いにふけるのは、実は大切な時間だったのではないかという気がします。

「あ、あの案件もそろそろ進めないとな」

「さっき、鈴木にきつくいいすぎちゃったかもな。あとでフォローしておこう」

このようにタバコを吸いながら、やらなくてはいけないことを思い出したり、自分の行動を反省したり、さまざまなことを振り返る時間になっていたと思います。

いまは仕事の生産性を上げるために隙間時間も有効に使え、という考えが浸透しています。

だから電車の移動時間もスマホをいじったり、そうでなければ居眠りをしていたりしている人ばかりです。

20代、30代はそういう時間の使い方でもいいでしょう。私も電車のなかでは1分1秒たりとも無駄にしたくなくて、本を読んでいました。

そういう生活をしていると時間が過ぎるのが速く、あっという間に1年、5年と過ぎてしまいます。気がついたら玉手箱を開けた浦島太郎状態です。

したがって、**40代は、どこかで強制的にスイッチを切って、思考する時間を持つべきなのです。進むばかりでなく、流されるばかりでなく、立ち止まる時間も必要では**

ないでしょうか。

■人生の〝優先順位〟をしっかり決めること

そういわれても、「朝から晩まで働き詰めで時間がない」と思っている人も多いでしょう。しかし、時間はつくるものです。

そこで、早寝早起きです。若いころは夜型だったという人でも、ぜひ一度チャレンジしてほしいと思います。

若いころは目覚まし時計が鳴っていても起きないくらいに睡魔には勝てないものですが、40代になると自然に早起きできるようになります。

私も、年齢とともに、早起きがまったくつらくなくなりました。早起きをはじめたころは、たしかにつらい時期もあったのですが、40代くらいからは、目覚ましなどかけなくても、自然に5時には起きるようになりました。

多忙なビジネスパーソンが夜早く眠るのは難しいかもしれませんが、残業をせず、飲み会にも参加せずに帰れば可能なはずです。

まずは週に1日か2日、早く帰るように心がけたら、やがて毎日できるようになるのではないでしょうか。

40代は、「時間」というものに対して、もっとシビアにならなければなりません。

人生の優先順位をきちんと決めて、時間を配分すべきです。そうでないと、本当にあっという間に月日は流れ去ってしまうものです。

朝の出勤時間や仕事を終える時間、お昼休みや休日の時間の使い方は自分で決められるはずです。

有意義な時間の使い方ができるようになれば、それだけで充実した生活にシフトしていくでしょう。

STRATEGY 27

「やらないこと」を決める

私が「会う人」「会わない人」を厳選する理由

40代は、自分の仕事でも成果を出しつつ、部下の管理もしなくてはなりません。

部下がトラブルを起こしたときに自分が出て行って謝罪しなければならない場面などもあるでしょう。

そういう場面で「ちょっと時間がないから、そっちで適当に処理してくれる?」と部下に任せるわけにもいきません。

1日に使える時間は限られていますし、体力にも限界はあります。「これ以上は頑張れないよ」と、いっぱいいっぱいになっている人もいるでしょう。

40代で大切なのは、「余力を残す」ということです。そのためにも「やらないこと」を決めることが重要です。

それをできるのが、マネジメントする側にまわった40代の醍醐味だともいえます。たとえば、部下の日報のチェックが面倒だと思ったら、やめてしまえばいいのではないでしょうか。

書くほうもチェックするほうも、儀式的にやっているのなら、続ける意味がありません。朝礼で報・連・相の場を設けるなど、別の方法に切り替えれば問題ないでしょう。

私も以前は朝礼で当日のスケジュールをみんなで報告し合っていましたが、「パソコンで共有すればすむな」と気づいてから、その方法に切り替えています。

いまはグーグルカレンダーで、仕事だけではなくプライベートのスケジュールの一部も書き込み、社員全員で閲覧できるようにしています。

そうやって仕事を見直してみれば、やらなくていい仕事はけっこうあるでしょう。

会議やミーティングをもっと減らせるかもしれませんし、「会議のプレゼンで使う資料はA４一枚でいいのでは？」「自分のＰＣのデータを共有すればいいのでは？」と気づくかもしれません。

もっと根本的な部分で休日出勤をやめよう、残業はやめよう、とやらなくてもいいことが見えてくる可能性もあります。

それもワーク・シフトの一環です。

■私が40歳を過ぎてから「やらない」と決めたこと

さらに、**私は、40歳を過ぎてから、会う人をかなり選ぶようになりました。**

昔からのつきあいがある人でも、会うと会社や家族のグチばかりこぼすような人とは、どうしても疎遠になってしまいます。

アドバイスを求められて、「こうすればいいんじゃないかな」と提案すると、「いやいや、それは時間がないから無理」とできない理由ばかりを述べる人もいます。そういう人と会って話していても、残念ながら生産性が上がりません。会ったあとにどっと疲れてしまうので、最近は波長が合う人とだけ会うようになりました。

スティーブ・ジョブズは「**なにをしてきたかと同じくらい、なにをしてこなかったかを誇りたい**」という言葉を残しています。

20代や30代は全力であらゆることに取り組んだり、無駄な体験を積んだりすることも大切です。

40代はそういう体験を通して、**これはこの先の自分の人生に本当に必要なのかどうか**――ということを見定める時期なのです。

また、**私は、自分の会社の株式は公開しないと決めました。**

はじめは真剣に目指していたのですが、株式を公開すると株主が経営に口出ししてきて、自由に経営できなくなる恐れもあります。いま以上に仕事が忙しくなったら家族と過ごす時間がなくなりますし、犠牲にするものが多いように感じたので、公開しないことにしたのです。

「やらないこと」を決めて余力を残し、「やりたいこと」に力を注ぐ。そうすれば、いままで以上に充実した生活を送れると思います。

STRATEGY 28

肩書を捨てる訓練をしておく

ヘタな見栄やプライドがまとわりつく前に

私は、サラリーマン時代にアメリカに住んでいた時期があります。

海外ではどこでも日本人のコミュニティができるものですが、困るのはビジネスでのヒエラルキーがそのままプライベートにも持ち込まれることです。

一番偉いのは大使館の職員、その次が商社で、三番目が銀行、四番目がメーカーとサービス業……という具合に、暗黙の了解ができています。そして、本人だけでなく、家族もそのヒエラルキーに沿って優劣が決まってしまいます。私はそういう集まりに誘われても、あまり気乗りがしませんでした。

社宅でも、会社での肩書がそのまま家族づきあいに影響するといわれています。プライベートまで会社の肩書を持ち込むのは日本人ならではかもしれません。

これは趣味の世界でもよくある話です。

会社や家庭で威張り散らしている人は、趣味の場でも威張り散らしたりしています。会社で虎の威を借る狐タイプの人は趣味の場でもそうふるまっているものです。

自分ではおそらく意識していないでしょう。虚栄心や思い上がりなど、年齢が増すにつれてこびりついていく思考は、会社の外に出てみないとわかりません。

趣味の場でそういう人を見ていると、「みっともないな」「自分はああならないようにしよう」と自分を戒めるいい教訓になります。

早い段階で、自分の肩書や地位を捨てる体験をしておくべきです。素の自分でいられる場所があれば、役職定年や定年後に過去の肩書にしがみつくこともなく、人生をこじらせずにすむはずです。

■40歳からはじめる趣味では〝恥〟を捨てよ

40代は、〝普通の人〟としてのバランス感覚をぎりぎり保てる世代でしょう。

20代、30代のときに、虚勢を張っている上司や、上と下とで態度を変える上司を散々見てきてうんざりしているはずです。自分がそんな上司にならないよう踏みとどまれる、ギリギリの年代だといえます。

バランス感覚を保つひとつの方法として、一から新しいことを学ぶことをおすすめします。それも独学ではなく、誰かに教わるのです。厳しい先生に教われるのなら、なお理想的です。

40代になれば、多くのビジネスパーソンは指導したり管理したりする立場になり、その役割になりきってしまいます。そこで、**あえて教わる側の立場になる。**そうすることで、さまざまなことが見えてきます。

趣味の場でちょっと教わっただけで、できた気になり、先生気取りでまわりの人に教えてしまうのは、たいてい中高年です。そこで先生からガンと叱られると、自分の思い上がりを自覚できます。

先生から教わったとおりになかなかできずにもどかしく思ったり、自分より年下の人からダメ出しをされたり、叱られたり、そういう悔しい思いや恥ずかしい思いは、年を取るにつれできなくなっていきます。

反対に、教わったことを習得できたときは喜びを感じるでしょう。しかし、そういった刺激も、年を重ねるとだんだん受けられなくなります。

新しいことにチャレンジすると、脳の活性化にもつながるのです。こういう体験を通して、組織の悪しき習慣に染まらず、脱組織人間になるために少しずつシフトしていけるのです。


個人向けにファッションのアドバイスをしているパーソナルスタイリストの浜潤一氏は、元刑事という異色の肩書を持っています。

浜さんは若いころからファッションに興味を持ち、高校時代はアルバイトで稼いだお金をすべて服や靴につぎ込むほど熱心だったといいます。

警察に入ってからもそのファッションへの熱は冷めませんでした。通常、刑事は警視庁でまとめてスーツをオーダーしているそうですが、そのスーツが気に入らず、自分で買ったスーツで通していたのです。

当然、上司からはよく思われていませんでしたが、浜さんは仕事で結果を出していたので、上司は黙認せざるを得なかったようです。

しかし、退職した先輩たちを見ていると、みんな元気がなくなっていくのを感じていました。自分はそうなりたくないと、浜さんは感じました。

そこで50歳で退職して、ちょうどそのころに誕生したパーソナルスタイリストの学校に通いはじめたのです。

おそらくスクールでは、まわりは若者だらけだったでしょう。自分より年下の女性の先生に教わるとなると、昭和世代の中高年の男性はなかなか素直にしたがえないと思います。

浜さんがもし元刑事というプライドに縛られていたら、挫折していたでしょう。もともと柔軟性のある性格だったのかもしれませんが、新たな分野にチャレンジする面白さに夢中になっていたのではないでしょうか。

作詞家の秋元康さんは40代で陶芸をはじめたそうです。

「40代で趣味をはじめるときは、恥の概念を捨てたほうがいい」

との言葉にあるとおり、余計なプライドを捨てることが、なにより大事なのです。

STRATEGY

29

「体のメンテナンス」に投資する

体力が気力を支え、気力が能力を支える

「あなたは健康に自信がありますか？」

こう問われて、自信を持って「はい」と答えられる40代の人は、どれくらいいるのでしょうか。

この質問に対する年齢別の回答が、平成19年の厚生労働省の労働者健康状況調査で明らかになっています。

「健康である」と答えた人の割合が最も少ないのが40〜49歳の男性でした。にもかかわらず、「健康のために普段なにか行なっている」と回答した割合は、20代男性に次いで低い結果になっています。

健康ではないけれど、なにかをするゆとりがない、自覚が乏しいなど、さまざまな

理由があるでしょう。

30代と比較すると、高血圧や脂質異常症、糖尿病などの生活習慣病の割合が一気に上がるのも40代です。

つまり、**体調が大きく変化するのが40代**ともいえるのです。

高血圧や脂質異常症くらいたいしたことはない、いつでももとに戻せると思っているかもしれません。たしかに、いますぐに大病にかかりはしないでしょう。

しかし、がんも生活習慣病のようなものです。肥満もがんにつながります。がんは発病するまでに10年くらいかかるので、40代で不摂生な生活を送っていると、50代に後悔することになるかもしれないのです。

40代は節目の年代です。20代や30代では、右肩上がりに伸びる体力も、40代になると確実に下降しはじめるのです。これは誰も避けられません。

生活習慣病にならないまでも、若いころは連日終電まで残業をしても、深酒や夜更かしをしても無理がきいて、いきなり体をこわすことはなかったと思います。

しかし、40代でいままでと同じような生活をしていたら、あっという間に体調を崩します。疲れ目、肩こり、腰痛、胃もたれなどなど、あちこちガタつき、不調がはっきり出る年代なのです。

そうはいっても、日本人は男女とも平均寿命は長いのです。

いまからでも遅くはありません。自覚を持って健康づくりに取り組めば、快適な40代を過ごせると思います。

ご存知のように、アメリカの企業では、肥満した人は出世しない、もしくは信用されないといわれています。肥満である=プライベートや食生活において自己管理がなっていない、とみなされるためです。自己管理すらできない人に、会社のマネジメントや部下の管理はできないだろうと考えられています。

日本でも経営者や政治家が忙しい合間を縫って、ジムに通ったり、ウォーキングや山歩きをしたりして体力維持に努めているのはそのためです。

普段からメンテナンスをしていれば、急にガタがくることはないでしょう。

■体調管理は「できる人」の絶対条件

40代といえば、仕事や家庭のことで頭がいっぱいで、自分のことにまで手が回らないという人もいるかもしれません。でも、その考えは間違いです。

一度生活習慣病になってしまうと、そう簡単には完治しないと考えたほうがいいでしょう。一生病院に通い、薬の手放せない生活になってしまう可能性があります。そうなればお金はかかるし、時間も取られます。結局のところ、**健康体は一番コストがかからない**のです。

40代の男性は、どの年齢層の男女よりも肥満の割合が高い傾向があります。

若いころと比べると代謝も落ちているので、同じように食べていれば太ってしまいます。体の変化に気づかずに、忙しさにかまけて30代と同じように過ごしている人が多いのではないでしょうか。

牛丼チェーンやハンバーガーショップなどの早い、安い、うまい店ばかりを利用していると、仕事の時間を捻出することはできても、体をこわす危険性も高くなります。それでは、元も子もありません。

たまにならいいかもしれませんが、カロリーの高い食事ばかりをしていると、生活習慣病まっしぐらです。

多くの経営者はお酒のつきあいも多く、毎日のように会食をしている人も珍しくありません。

それでも二日酔いを残すことはないですし、スリムな体型を保っています。それはお酒を飲まない日を設けたり、運動したりして調整をしているからです。健康体を保つのがトップとしての務めなのです。

体調がよくないと、けっしていい仕事はできません。体調が悪いと集中力はなくなり、持久力もなくなります。

よく、やる気が出ない、という人がいますが、それは違うと思っています。

やる気を失っているのではなく、体力を失っているのではないでしょうか。

当然その状態では能力も発揮することはできません。

体力が気力を支え、気力が能力を支えるのです。

これを肝に銘じておくべきだと思います。

40代になったら、食生活、運動、睡眠に気をつけるのは基本だと思ってください。

私も毎日ウォーキングをしています。

運動習慣のない人がいきなりジョギングや水泳をやろうとしてもハードルが高いでしょう。ウォーキングなら今日からでもはじめることができるので、多忙なビジネスパーソンにはぴったりです。

よくいわれる方法ですが、普段降りる駅のひとつ前の駅で降りて歩く、駅や会社でエスカレーターやエレベーターを使わずに階段を使うなど、日々の生活で工夫できることがあると思います。それを続けるのが大事ではないでしょうか。

毎年きちんと健康診断を受けて、その結果をもとに生活をあらためるのが一番効果的です。

ちょっと体重が増えてしまった、血圧が高くなってしまったという程度なら、食生活を見直したり、運動を取り入れたりすることによって容易に挽回できます。

忙しくてつい自分のことをあと回しにしがちな40代ですが、取り返しのつかない事態にならないよう、自分の体にも時間やお金を投資するのを忘れずにしたいものです。

STRATEGY

30

不用意に敵をつくらない

「基本」こそがあなたを助けてくれる

私はサラリーマン時代、アメリカに5年間赴任していましたが、商談のために旧ノースウエスト航空（現デルタ航空）の副社長に会うことになったときの話です。驚いたのは、商談場所に副社長自らが車を運転してきたのです。

ノースウエスト航空の副社長に限らず、**アメリカのトップたちは、基本的に自分で車を運転しますし、メールも自分でパパッと打っています。**

当時の日本では、メールは部下に打たせる管理職がほとんどでした。アメリカ人の行動力を見て、「これじゃあ日本はかなわない」と心の底から思いました。

日本では、役員まで出世をしたら、運転手つきの社用車で通勤できるとされ、それがステイタスのように思われていました。

さらに、社内では椅子のグレードでも格差がつけられて、出世するごとに肘置きがつき、革張りになり……という企業も少なくありませんでした。

出世した人間に威厳を持たせることで、マネジメントをやりやすくさせようという組織の配慮だったのだと思います。でも、そういう環境は「慢心」を生み出すので、非常に危険だと私は思っています。

「初心忘るべからず」ということわざほど、言うは易《やす》く行なうは難《かた》しの言葉はないかもしれません。人はすぐに慢心する生き物なので、自ら戒めないと成長が止まり、劣化がはじまります。

ビジネスパーソンとして脂の乗っている40代こそ足元をすくわれる機会も多いのです。いままで以上に慎重に仕事に取り組んでほしいと思います。

たとえば、メールは必ずレスポンスをするという習慣。

若いころは、「仕事のメールはすぐに返す」と教えられているからか、レスポンスが返ってこないことはほとんどありません。

けれども、年齢が上がるにつれメールへの反応は鈍くなっていきます。何度メールります。

メールを送ってもレスポンスがないので、結局電話をかけて確認するという例もしばしばあります。

「忙しいから仕方がない」と自分では思っているのかもしれませんが、まわりはそう思ってくれません。

メールには即レスポンスするのが礼儀だという風潮になっている以上、そういう甘さ、鈍さは、信頼を少しずつ失っているのだと考えるべきでしょう。

私も、どんなに忙しくてもいただいたメールはできるだけ早くレスポンスするよう努力しています。

なぜなら、**起業家で成功している人は、みなレスポンスが早い**、ということに気づいたからです。簡単に返答できない案件でも、「少しお時間をください」というレスポンスはすぐに打てます。

そして、挨拶。40代で自分から積極的に目下の人間に挨拶しているビジネスパーソンを、あまり見たことはありません。まるで自分から挨拶をするのは損だと考えているかのようです。

ビジネスマナーとしては、目下から挨拶をするのが基本でしょうが、それ以前に

「人に会ったら挨拶をする」というのが人としてのマナーといえます。

自分は挨拶をしないのに、部下にそれを強制しても、部下は素直にしたがおうとは思わないでしょう。

人を動かしたいのなら、まずは自分から動く。それが鉄則ではないでしょうか。自分がやってもいないことを相手に強制しても、表面的にはしたがってくれても心からは信頼してくれません。

良品計画の松井忠三《ただみつ》元会長は、社内で元気よく挨拶をする習慣をつくるために、毎朝自らエレベーターホールに立ち、社員に挨拶をしたといいます。

すると社員側から、「会長から挨拶をされると居心地が悪い」といった意見が出て、有志が交代でエレベーターホールに立って挨拶をするようになったそうです。

■常に自分から動く、自分から働きかける

さらにいうなら、相手によって態度を変えるようになったら「終わり」です。たとえば、取引先の担当が新人だったとき、タメ口で話したり、「こんなこともわからな

いのか?」と明らかに見下したような態度で接したり……。

40代にもなって、不用意に敵を増やすのは愚かとしかいえないのではないでしょうか。取引先で自分の評判が悪くなったら、今後の仕事がやりづらくなるだけでしょう。

40代は、こういう「小さな習慣」こそ、おろそかにすべきではないと考えます。人としてすぐれた経営者や起業家、ビジネスパーソンは、「小さな習慣」をとても大切にしているものです。

以前、テレビで京都のある職人を紹介していました。

その職人さんは、高校を卒業してすぐに師匠のもとに弟子入りします。26歳のときに独立することになったのですが、そのときに師匠さんから「**弟子をとれ。一人だと自分に甘くなる。しかし、弟子がいると、さぼれんようになる**」ということをいわれたそうです。

初心を思い出すには弟子に教えるのが一番でしょう。いつまでも緊張感を持てるので、自分も成長できます。

みなさんも、**会社のために部下を教育するのではなく、自分のためにするのだ**と思ってください。心のなかで、部下を自分の弟子だと思って接してほしいと思います。

とくに新入社員と接していると、初心の大切さを実感します。

「自分も新入社員のころはこんな仕事をしたいと燃えていたな。会社を変えたいと意気込んでいたっけ」と自分が失った情熱を思い出すでしょう。

時代は変わっています。自分の若いころにはなかった発想を、若い世代は持っているのです。

STRATEGY

31

家庭をしかと顧みる

少しずつ、会社からプライベートに軸足を移すヒント

私は経営者の方を対象にした勉強会を開いていました。

その一環として、月に一度、朝食を持ち寄って報告をし合う会も開いていました。集まるのは10人ぐらいの、少人数の朝食会です。

そこでは、仕事と家族、個人の三つについて、この1カ月間になにをしたのか、これから1カ月間でなにをするのかを報告するのがルールです。

どの経営者も仕事については饒舌《じょうぜつ》で、「この1カ月間、こんな動きがありました。これから1カ月間はこんな企画に挑戦するつもりです」と熱弁をふるいます。

聞く側も刺激を受けるようで、みんな身を乗り出して話に聞き入ります。

個人の話についても、みんな朝食会に参加するくらい意識の高い人たちですから、

こんな本を読んだ、こんなセミナーに行った、と話は尽きません。

ところが、家族の話になると、「えーっと……とくになにもありませんでした」と、みんな急に言葉少なになるのです。

私自身も自分で決めたルールであるにもかかわらず、報告するネタが思い浮かばず、前の晩にウンウン唸《うな》っていることもありました。

「これはまずいな……」

そう危機感を抱いてから、私は無理やり家族との用事をつくるようにしたのです。家族と買い物や食事に出かけたり、ときには妻をランチに連れ出したりすることもありました。

最初は朝食会で報告をするためのノルマのような感じでしたが、家族にとても喜ばれ、家族仲がよくなるのを実感しました。そして自然と、家族との時間を重視するようになったのです。

仕事と生活の調和――いわゆる「**ワークライフバランス**」という言葉を聞いても、「忙しくて、そんなことをいってる場合じゃない」と笑い飛ばす40代のビジネスパーソンが多いかもしれませんね。

日本の多くの企業では、残業している人＝頑張って働いている人、という意識がまだまだ根強いでしょう。

仕事をさっさと終えて帰ろうとする若手社員に向かって、「もう帰るのか?」などと嫌味をいったりしたくもなるのが、いまの40代の姿かもしれません。

私自身も、ワークライフバランスが取れるようになったのは、40歳を過ぎてからです。

20代のころの私は、生活の9割が仕事でした。連日残業をして終電まで働いた経験も、徹夜続きでフラフラになった経験もあります。30代に入っても8割が仕事で、最近になってようやくプライベートの時間が少し増えてきたといったところです。

■仲間の「家族の話」を聞いてみる効果

東レ経営研究所元社長の佐々木常夫氏は、「**40代は疲れずにしなやかに生きることが大事だ**」ということをおっしゃっていました。

40代で仕事に身が入らずにだらだらと連日残業し、疲れがたまるような働き方をしているのなら、人生の時間を無駄遣いしているようなものです。

そもそも、なぜワークライフバランスを実現できないのでしょうか。

「ワークライフバランス」というのは、1980年代にアメリカで生まれた考え方だといいます。

やはりこれは労働を「罰」だととらえるキリスト教圏的な考え方なのでしょう。労働と私生活をきっちり分けるから、ワークライフバランスという発想が生まれたのでしょう。

対して、日本では労働は尊いものだという考え方です。

だから、まわりがみんな残業しているのに自分だけ先に帰るのは申し訳ないと罪悪感を抱き、有給休暇ですら遠慮して取ろうとしません。プライベートを重視したくてもできないのです。

しかし、会社は一生面倒を見てくれるわけではありませんし、体を壊したらリストラの対象にされるなど、無慈悲な面もあります。

会社にどっぷりと軸足を置くのではなく、40代からは少しずつプライベートに軸足を移していくべきです。

自分が元気で働き続けるためにも、家族の支援は不可欠です。自分は家族に生かしてもらっているのだという点を、忘れないでほしいと思います。

ワークライフバランスの重要性が問われるようになったのは、昭和世代の父親が家庭を顧みずに働いた結果、家族が崩壊したり、熟年離婚が増えたりしたという背景もあります。家族のために働いているのに、家族が崩壊するようでは本末転倒です。

40代なら、まだ間に合います。私のように、**最初はノルマでもなんでもいいので、家族との時間を意識して増やすしかない**でしょう。

考えてみると、男性が友人や会社の人と飲みに行っても、家族の話はあまりしないような気がします。たいてい仕事の話が中心ではないでしょうか。

そういう場で、**まわりの人の家族の話を聞いてみるといい刺激になるかもしれません。**「へえ、休日はすべての家事を引きうけているんだ、偉いなあ」と感心することもあれば、「そんなに家族と接する時間がなくて、大丈夫なのか?」と心配することもあるでしょう。

そうやって、ワークライフバランスは補正していくものなのかもしれません。

STRATEGY 32

「夢」を見失わない

「やるべきこと」で頭がいっぱいの人たちへ

「経営者の三大悩み」をご存知でしょうか？
ひとつは**「お金」**です。経営者はいつもこれで頭を悩ませています。
もうひとつは**「人材」**です。「なかなか優秀な社員が集まらない」「社員がなかなか育たない」と嘆いている経営者は大勢いるでしょう。
そして最後のひとつが**「自分の心」**です。とくに自分の心に巣くうマンネリ感にさいなまれる人が少なくないのです。
たしかに経営者の仕事は山ほどあります。新規事業の展開を考えたり、資金繰りで頭を悩ませたり、社員の育成もあれば、取引先との商談もあります。
毎日次から次へと仕事をこなしていたら、マンネリなどに陥らないのではないか、と思うかもしれませんが、実は、**業績が好調な会社の社長ほどマンネリ感を持っているもの**なのです。

私も起業するときは「自分の本を出そう」「社員を雇えるようになろう」「自分の事務所を持って、セミナールームをつくろう」とあれこれ目標を立てていました。

幸運なことに、比較的に早い段階でそれらすべての目標を実現できたのです。

すると次の目標が見つからず、がむしゃらに頑張ってきたときのような、心の底からワクワクする感覚が失われていくのに気づきました。

脇目もふらずに働く若いころとは違い、40代は全力で仕事をしなくても、「そこそこの力」でなんとかこなせるようになってきます。これまでの経験の賜物ですから、余力を残せること自体に問題はありません。

しかしそれが「マンネリ」になると、やっかいになります。仕事がつまらなくなり、惰性でこなすだけの毎日になります。飽きることもあるし、嫌になることも、仕事を辞めたくなることさえあるでしょう。

あなたがいまそう感じているなら、それは「停滞」ではなく「後退」している証拠かもしれません。

自分では「止まっている」と感じていても、まわりは進んでいるので実際は後退しているることになるのではないでしょうか。

マンネリ化するのは、仕事に没頭、集中していないからかもしれません。「つまらないな」「退屈だな」「仕事が終わったらなにをしよう」とあれこれ考えているから没頭できないのです。

あるいは、「こんなはずじゃなかった」、「こんな仕事をやりたかったわけではない」と、過去にとらわれているので、集中できないのではないでしょうか。

禅の世界では、昨日も明日も考えず、「いま」に集中しなさい、という教えがあります。たとえば、「喫茶《きつさ》喫飯《きつぱん》」という禅語は、お茶を飲むときはお茶を飲むことだけに、ご飯を食べているときはそのことだけに集中しなさい、と教えます。そうして「いま」「ここ」に集中することで心を整えていくのです。

仕事も同じではないでしょうか。

とにかく目の前の仕事に「五感」のすべてを集中して全力で取り組む。そうすればマンネリに陥るのを防げるはずです。

■ワクワク感で心を満たすコーチング・テクニック

もし、目の前の仕事に取り組む気力さえ起きないのなら、「やりたいこと」にフォーカスして、徹底的にビジョンを描いてみることです。

これはコーチングのテクニックのひとつで、**仕事だけに限定せず、10年後の自分はどうなっていたいのか、5年後はどうかと、まずは自分に問いかけ、自分のなりたい姿を思い描いてみる**のです。

たとえば、「シンガポールやマレーシアあたりに住んで、毎日ゴルフができるといいな」というビジョンが浮かんだとします。

そこでさらに、「本当にそれだけで満足するのか？　ほかにもあるのではないか？」と問いかけます。

すると、「ただ住むだけでなく、海外にも事業所を開けるといいな」と、思いがけない望みがふっと思い浮かんだりするものなのです。

「そのためには海外の取引先を見つけないとな」「現地で働くスタッフも必要だな」

と、どんどんやりたいことが生まれてきます。

ここまで具体的なビジョンになると、ワクワクしてきます。英語もまた勉強しよう、シンガポール関係のセミナーに出てみよう、と意欲がわいてくるかもしれません。

この方法は、**先に将来のビジョンを思い描き、それから具体的な行動を考える、**という順番が大事です。

起業を目指している人の相談を受けると、「なにから手をつければいいのかわからない」とため息交じりにこぼす方もいます。

そういうときに、「まず税金の勉強をしないといけないでしょうね。会社の登記の仕方も学ばないといけないし、資金繰りは起業前からやっておかないといけないでしょう」と現実的なアドバイスをすると、相手はどんどんモチベーションが下がってしまいます。

そうではなく、「起業をして10年後はどんな生活になっていると思いますか？　ご家族はどうなっていますか？　休日はどう過ごしていますか？」という具合に、未来の自分の姿を思い描いてもらいます。

そうすると、「10年後はメディアにも注目されるような企業になっていたいです。家族で都心に住みたいですね。休日は家族で海外旅行に行きたいです」と、「やりたいこと」がどんどん出てきます。

7割くらいはそういったビジョンを語ってもらい、それから残りの3割で「そのためにはいま、なにができると思いますか?」などと現実に結びつくような問いかけをします。

すると、「やっぱり、税金や登記、資金繰りなどの勉強も必要なんですね。セミナーに通います」とニコニコしながら語るようになります。

「やるべきこと」から入るのではなく、「やりたいこと」から入ることで、「やるべきこと」もワクワク取り組めるようになれるのです。

みなさんも、家族や友人とぜひ将来の話を共有してみてください。

そうすれば、自分のなかに眠っていたビジョンが目覚め、マンネリも打破できるでしょう。

STRATEGY
33

「理想の50代」を思い描く
魅力的な人生の先輩に話を聞きに行こう

私がサラリーマン時代にもらった新入社員研修のテキストは、その内容がとても印象的でいまでも忘れられません。

職場でどのように時間を過ごすかで人生が変わってくる、ということが二つのパターンのイラストを使って示してありました。

ひとつはピシッとしたスーツに身を包んだ、いかにもできるサラリーマン。もうひとつは緩んだネクタイに無精ひげというダメサラリーマン。

絶対に後者にはなりたくないと、新入社員のころに強く思いました。それから将来起業をしよう、そのために資格を取ろう、英語やIT技術も学ぼうと、自分がやりたいこと、やるべきことが見えてきたのです。

みなさんも、**10年後の自分を思い描いてみてください。**

「将来像を描く」というのは大切なことだと思います。

なりたい自分がわかれば、そのためにはどうしたらいいかという目標が明確になります。

しかし、40代にもなるとなかなか自分の理想像を思い描けない人は多いでしょう。

定年後のことを考えると気が重くなりそうですし、社内の50代の人を見ていると「こうはなりたくないな」と思う人ばかりかもしれません。

近くに手本がない場合は、**魅力的な50代や60代の人を探して、話を聞きに行くのが一番**です。

尊敬する人がいるなら、講演会に足を運んでみるのはいかがでしょうか。

私は起業したいと考えていたものの、起業してからどうなるのか、まったくわかりませんでした。

そこで、実際に起業している人に会いに行きました。

起業家の講演会や勉強会に参加して、「ああ、こういう人たちが起業しているのか」

「自分はこういう働き方を目指しているのか」と具体的に知ったのです。

事前にイメージしていたので、起業してからも戸惑うことはありませんでした。**手探りで進んでいくのではなく、明確なイメージに向かって進んでいく。**「安心感」がまったく違います。

実業家で経営コンサルタントの小笹芳央《おざさよしひさ》氏は、かつて次のようなことをいっていました。

「『30歳だから、もう英語の勉強は遅い』『40歳だから起業は遅い』などとため息をつく人がいるけれども、50歳の私から見れば、彼らはまだこれからです」

年齢のせいにしてなにも動かなかったら、10年後はいまよりもっと衰退した自分がいます。10年後の自分が後悔しないためには、いまから自分を磨いておくしかないでしょう。

■アドラー心理学に学ぶ「変われる人」「変われない人」

「ぬれ落ち葉」という言葉が話題になった時期がありました。

ぬれ落ち葉とは、定年退職後の夫のことで、仕事人間だった夫が家では邪魔な存在であることを表現した、男性にとってはとても厳しい言葉です。

やることがないので、ぬれ落ち葉のように妻のあとをくっついて歩く夫のことを指しています。

こういう言葉が出てくること自体、そういう男性が多いことを意味しているのではないでしょうか。将来のイメージを具体的に持っておかないと、なし崩し的にぬれ落ち葉のような生活を送ることになるかもしれないのです。

50代の生き方は60代につながります。さらに40代の生き方は確実に50代につながっています。

50代も60代もアクティブに過ごしたいのなら、いまから活動の場を探して仲間を見つけておくべきでしょう。

ライフプランの3大テーマは、「**生きがい**」「**健康**」「**資金**」といわれています。

生きがいは仕事や家族だけでなく、スポーツ、ボランティア、趣味など人それぞれです。

もちろん、これらにはお金も必要なので、必要な資金の計画を立てることも大切です。そのためには将来こうしたい、その計画のためにはいくら必要なのか、といったことを定期的に書き出してみるのも一案です。

もし自分のなりたい姿と、いまの自分の状況とにギャップがあれば、どうしたら理想の自分に近づけるのかを考えて、行動を起こせばいいのです。

そうしない限り、なにも変わりません。

いま話題のアドラー心理学によると、**「人が変われないのは、『自分は変わらない』と決断してしまっているからだ」**といいます。

「変わりたいと思っていても変われないんだ」と悩んでいる人が多いと思いますが、アドラー心理学によると、このままでいるほうがラクであり安心だから、自分で変わらないことを選んでいるのだというのです。

どんな過去であっても、過酷な環境で暮らしていても、自分が変わろうと勇気を出しさえすれば、人は変われるのです。

人は何歳になっても生き方を変えられます。自分自身にもまだその可能性はあるのだと強く信じてほしいと思います。

5章

10年後の「設計図」を描く

——貯金、投資、起業……いまやるべきこと

STRATEGY 34

会社に頼るな、国に頼るな

先が見えない時代だからこそ「いま」動く

よく雑誌で、「給与明細公開」という特集を組んでいます。

やはり、誰でも自分のもらっている給料が世間的にはどれくらいのレベルなのか、気になるのでしょう。

しかし、年収をアップさせたいからと安易に転職するのは危険です。

現実的にいって、中小企業から大企業への転職はハードルが高いですし、現在好調な業界も将来はどうなるかわかりません。

もし、いまの仕事にやりがいを感じられず、現状を抜け出すために転職を考えているなら、いまより給料が下がるのを覚悟するしかないでしょう。

管理職としてヘッドハンティングされ、転職するケースでも、もとの会社より給料が下がるケースは少なくありません。

つまり、その場合、**お金よりもやりがいのための転職**ということになるでしょう。20代、30代は転職で給料が上がるかもしれませんが、**40代の転職はかなりの専門性や実績、強力な人間関係がない限り、高望みできない、**と考えておくほうが安全です。

かといって、いまの企業では昇給や昇進も望めないのなら、どうすればいいのでしょうか。

単純にいって、貯蓄を増やす方法は収入を増やすか、支出を減らすかのどちらかしかありません。

収入を増やすなら、副業をするか投資をするか、起業をするという選択肢がありま す。起業は失敗したら貯蓄がゼロどころかマイナスになる恐れもありますが、成功したらサラリーマンではもらえないような年収を稼げます。

実際に起業してみないと成功するかどうかはわかりません。まずは、私が提唱する、週末だけ起業家になる「週末起業」を試してみて、稼げるとわかってから本格的に独立する、というステップを踏めば失敗するリスクを抑えられるでしょう。

40代でいきなり脱サラすると、失敗したときに取り返しがつかなくなります。週末起業ならうまくいかなくてもすぐ撤退できるので、リスクを最小限に抑えられるのです。

■「なにもしない」のが最大のリスク

40代の転職や起業にはいずれもリスクはありますが、**なにもしないでいるのが最もリスクが高い**といえるでしょう。

いまは人手不足や政府の賃上げ圧力の影響で給料が上がったとしても、いつ下がるかわかりません。いまの給料だけで人生設計を立てていたら、不測の事態が起きたときにあっという間にピンチになります。

親の介護費用や子どもの教育費など、お金が必要になる場面はこれから増えていきます。いまから備えておかないと、そのときになってからお金が必要だと慌てても遅いでしょう。

老後の資金をいまから考えるのは憂鬱かもしれませんが、年金はあてになりませんし、自力でなんとかするしかありません。給料や国の制度に頼らず、他の資金源も40代でしっかり確保しておくべきです。

「先の見えない時代」といわれていますが、なにも備えがないから不安になるのだと思います。

40歳から備えておけば、定年まで20年以上あるのですからお金を貯められるはずです。

20代、30代は目の前のことに浪費して貯金がなくてもやっていけますが、40代でそういう生活を送っていたら50代になったときに必ず後悔するでしょう。住宅ローンを払えなくなって、長年住んできたマイホームを手放さなければならないケースもあるのです。

逆にいえば、**40代でお金の不安をある程度払拭しておいたら、そこから先は安定した生活を送れる**でしょう。

STRATEGY 35

お金のことを「真剣に考える」

「なんとなく」が一番危ない

サラリーマンが収入を増やすとしたら、出世するか、転職するか、起業するか、副業するかなどの選択肢が考えられます。

40代になればこの先どこまで出世できるかどうかは、おおかた見えているでしょう。40代の転職も収入が大幅にアップする確率はそれほど高くありません。それ以前に、出世できたとしても、会社自体がこの先もずっと安泰なのかは保証されていないのです。

備えあれば憂いなし。やはり、収入を増やす方法を考えておくべきです。

会社勤めをしているときは、お金＝給料になります。だから給料を増やすことばかり考えるのでしょう。

しかし、確定申告の用紙を見たらわかりますが、「所得」というものには10種類以上あるのです。給与所得はそのうちのひとつにすぎません。

利子所得、配当所得、事業所得、不動産所得……**お金を増やす手段はたくさんあるのに、給与所得だけを見ている限りはお金持ちにはなれない**と思います。

いわゆるセレブの妻は、専業主婦で悠々自適に暮らしているというイメージがありますが、実際には夫婦で別の事業をやっているケースも珍しくありません。収入源を複数持っているということです。

私は副収入を得る方法をおすすめします。投資もひととおりやってみてはいかがでしょうか。

私は株も不動産もFXもすべてやってみました。「金儲けをしよう」と考えていたわけではなく、世の中の仕組みを知りたくて投資してみたのです。

FXは世界情勢や為替に関心が持てますし、不動産投資は地価や税金について勉強するきっかけになります。**投資はリアルな社会を勉強できる方法なのです。**

FXは全財産をつぎ込んでゼロどころか借金を抱えてしまうケースもありますが、

試しにやるなら問題ないでしょう。私も、一日中パソコンにかじりついて値動きを見ているのは無理だと思います。

投資は本業にするのではなく、あくまでも余剰資金で、いまの生活に影響しない範囲内でやるのが鉄則です。

個人的には、不動産投資がサラリーマンにおすすめです。

不動産投資は、とくに中古物件なら投資金額は安く抑えられますし、家賃の相場もわかりやすいのでリスクは低くなります。

不動産投資をするための資金は、銀行で借りられることはあまり知られていません。銀行は起業の資金はなかなか貸してくれませんが、サラリーマンが不動産投資をするための資金は割と簡単に貸してくれるのです。

ただし、「月100万円の家賃収入が欲しい！」と鼻息荒くやっていると、失敗するリスクが高いと思います。

■40代でお金に苦労する人の共通点

「サラリーマンで大家さんになって年収は億を超えて……」という成功体験の本も多数出ていますが、あまり夢を見すぎると痛い目に遭います。

『ナニワ金融道』で億万長者になった漫画家の青木雄二氏も、不動産の詐欺に遭い、2億円近いお金を損しています。金融業の裏側まで知っている人であっても、足元をすくわれてしまうことがあるのです。

大きく稼ぎたいなら、お金を相当つぎ込まなければなりませんし、物件を探すために時間もかなり割かなくてはならないでしょう。それで家族と過ごす時間がなくなるのなら、「なんのために稼ぐのか」と疑問に感じます。

たとえ月5万円の収入でも、年間で60万円の利益になります。「いまの会社からの給料と合わせるとかなり生活がラクになる」と考えるくらいがちょうどいいと思います。

住人が退去するときはメンテナンスが必要になりますが、普段の修理なども含めて管理会社に任せれば、自分の時間的な負担はほとんどありません。

管理会社にも善し悪しはあるのですが、そういうのを見極めたりするのも、いい人生経験になります。

どの投資をするにしても、勉強は必要でしょう。そのこと自体が自分への投資になるのです。

たとえば、株価が高い企業のなかにも名前をはじめて聞く企業があるでしょう。その企業がどのような事業をしているのかを調べてみると、「へえ、こんな会社もあるんだ」と新鮮な驚きを得られます。その情報は自分の「知識」として、仕事にも活かせるはずです。

また、不動産投資でローンを組むときは、資金計画を立てる必要があります。いま払っているローンや家賃にプラスして、月にどれくらいのローンなら払えるのか、子どもの教育資金や生活費はどうするのか……。

そう考えていくと、家族全員のライフプランを考えていることになります。

そうやって、**お金のことを真剣に考える時間が40代には絶対に必要**です。

毎月給与明細を見てため息をついているくらいなら、現実的な収入源を見つけるために勉強すべきでしょう。

営業コンサルタントの大塚寿氏は、「**40代になってお金に苦労している人には、あ**

る共通点がある。人生の全体的なビジョンを構築する力がないという共通点だ」ということを述べています。

そのとおりだと思います。

なんとなくお金を貯めようと思っていてもダメです。明確な目的を持って貯めようとしない限り、お金は出ていく一方なのです。

STRATEGY 36

「週末起業」のすすめ

「稼ぐネタ」は、あなたのなかにすでにある

投資のほかに、副収入を得るもうひとつの手段が、私の専門分野でもある「週末起業」です。

ここまでも何度か述べてきたように、40代のサラリーマンがいきなり起業するのはリスクが高すぎます。

まずは週末だけビジネスをはじめてみて、いまの給料以上に稼げるとわかったら、本格的に起業するという段階を踏んだほうが安全でしょう。万が一失敗しても、会社の収入は確保できているので、損失は最小限に抑えられます。

詳しくは私の著書『週末起業』（ちくま新書）を参考にしていただきたいのですが、私はサラリーマン時代に中小企業診断士の資格を取り、休日やアフター5を利用して

経営コンサルタントとして副業をはじめました。

自分でも資格を取った経験から、資格は取っただけでは意味がない、仕事をしてお金を稼いではじめて資格を取った意味がある、といえるのだと思います。

週末起業はオフィスを構える必要はなく、パソコンさえあれば誰でもはじめられます。

ただ、起業というからには、規模は小さくてもビジネスですし、自分は経営者なのです。自分のアイデアやつくった商品などを売ることで稼ぎを得るので、売り方やコストなどを考えなくてはなりません。勉強も必要です。

そうやって、**週末起業をしてみると、本業の仕事にもおおいに役立ちます。**本書でも「自分で強みを持て」と提案しましたが、週末起業で得た経験はそのまま自分の強みになります。

なにしろ、経営者目線で物事を考えられるようになるのです。

経営者は資金計画を立てなければなりませんし、なにを売り込むのかや売り方も考えなければなりません。

そういった経験が会社の仕事にもつながっていくのです。

それでは、どのようなことでビジネスをすればいいのか。

私は、以前は「好きなことをやればいい」とアドバイスしていましたが、それだと志半ばにしてあきらめてしまう人を、いままで大勢見てきました。

好きなことを仕事にするのは幸せなように思えますが、趣味とビジネスはまったくの別物です。

たとえば、お菓子づくりが趣味という人がネットで販売するとします。検索ワードに引っかからないと誰もホームページを見てくれませんし、注文を受けてからつくって梱包して、入金を確認して……と細々とした手間がかかります。またネットでは、買った人がきちんとお金を払ってくれるかわからないというリスクがあります。

「それなら知り合いに配る程度で充分」と思うようになっても、不思議ではないでしょう。

したがって、いまは、好きなことはある程度資金や生活に余裕が出てきたら挑戦することにしましょう、まずは自分になにができるのか、なにが自分の強みなのかを考えましょうと、アドバイスするようにしています。

このとき、「人生の棚卸し」をしてみると、自分になにができるのか、なにが自分の強みなのかが見えてきます。

「起業する」と聞くと、特別な方法があるのかと思い、本を読んだりセミナーに通ったりする人も多いでしょう。しかし、それよりも大事なことは、自分がなにを「起業のネタ」にするかです。それはいままでの自分の経験のなかに眠っていることがほとんどなのです。

■「ブルー・オーシャン」は身近なところにある

ブルー・オーシャン戦略という言葉を聞いたことはあるでしょうか？

競争の激しい既存市場をレッド・オーシャン（血で血を洗う競争の激しい領域）というのに対し、競合相手のいない領域をブルー・オーシャンといいます。

競争のない未開拓市場（ブルー・オーシャン）を切り開いたほうがいいという経営戦略論があるのです。

ビジネスの世界では、「特化型」がひとつの売りになっています。体の大きな人に特化したファッションサイトや、各国から取り寄せた椅子の座り心地を楽しむカフェなどがあるように、いまは「特化型」で世の中のニーズに応えることが勝ち抜いていく要素になっています。

したがって、**あれもこれも手を広げずに、なにかひとつのことに特化したほうがチャンスをつかめる**のです。

私は犬専門のリフレクソロジーをやっている人とお話ししたことがあります。リフレクソロジーとは、足のツボを刺激することで全身の血行をよくしようという施術のこと。それを犬専用にするというのです。犬の肉球をマッサージしてあげると免疫力が高まるのだそうです。この話を聞いたときは、「よくそんなニッチな市場を見つけたなあ」と感心してしまいました。

よくあるビジネスでも、ちょっと切り口を変えたり、ほかのアイデアを組み合わせたりすることで、ブルー・オーシャンは見つけられるのです。

いままでの自分の経験を再確認して、その材料をもとに料理の仕方を考えてみれば、自分にしかない強みになるのです。

STRATEGY 37

本気で起業を考える

カギとなるのは「資金」「経験」「人脈」

定年後に起業を考えている人は、40代のいまから資金を貯めておかなければなりません。

定年後に起業する際、「退職金をつぎ込んだ」という話をよく聞きますが、これはあまり得策ではないでしょう。事業が失敗したときのダメージが大きすぎて、老後の生活を豊かにするどころか、マイホームを手放すことになるかもしれません。

起業をするなら、そのための資金をしっかり確保しておくことです。いまから週末起業をするなり、投資をするなりしてお金を増やしておいたほうがいいでしょう。

私はサラリーマンになってから、将来起業をしたいと早い段階で考えていました。

当時は1000万円の資金がないと株式会社は立ち上げられなかったので、お金を貯めるのはかなり大変でした。結婚して子どももいたので、教育費もかかります。そこでマイホームを買うのはやめ、賃貸住宅に住んでいました。

車はたまたま譲ってもらえたので、かかるのは維持費だけでした。洋服代やランチ代など削れるところは削りました。

けれども、本を買ったり、セミナーに行ったりするなど、自分への投資だけはなるべく惜しまないようにしました。そうやってお金を使い分けることで、3年間で起業に必要な資金を貯めることができたのです。

作家の井上ひさしさんは「**20代、30代はお金をどんどん使って頭に貯金すること。40代、50代になると、それが本当のお金になって返ってくる**」ということを語っています。

ですから、20代、30代の人は自分への投資を惜しむべきではありません。そして頭に貯金のない40代以上の人は、いまから集中して貯金していくしかないかもしれません。そうすれば、60代には間に合うでしょう。

ただし、たとえ週末起業で本業と同じくらいの稼ぎを得られるようになったとしても、それだけで確実だとはいえません。

起業したらさまざまなコストがかかります。事務所を借りるなら家賃も、それに伴って光熱費や水道代などもかかります。人を雇うなら給料も社会保険も払わなければなりません。

サラリーマン時代はすべて会社がやってくれていたことを、自分でお金を払ってやらなければならないのです。

まずは意識をサラリーマンから起業家にシフトすることです。そうしておかないと、かなりの高い確率で失敗すると思います。

会社である程度の地位を築いた人が独立すると、いきなり家賃が高いところに事務所を構え、事務所の机や椅子なども高級なものをそろえる、といった、いまと同じ水準からスタートする人もいます。そして仕事が全然ないのであっという間に撤退する人も珍しくはないのです。

実は、起業してサラリーマン時代の収入を超えた人は20％くらいしかいないという統計があります。大半はサラリーマン時代よりも収入が減っているのです。

ですので、週末起業でうまくいったとしても、その波がずっと続くとは思わないほうがいいと思います。

本業でもらっている給料の1・5倍くらい売上がないと独立は厳しい、と思ったほうがいいかもしれません。

私も、起業してからさまざまな事業に挑戦してきました。そのすべてがうまくいったわけではなく、投資した数千万円がゼロになった経験もあります。

たとえば、人を採用するのにもコストがかかります。就職の情報誌やサイトなどにお金を払って採用情報を載せ、時間をかけて何十人も面接をして、ようやく採用を決めたにもかかわらず、その雇った人に数カ月で辞められてしまったら、会社としては大損です。

このようにスッテンテンになる経験を数えきれないほどしているから、最悪の事態を想定して投資はミニマムからはじめよう、という知恵もついたのです。

■あなたを〝応援〟してくれる人の見極め方

また、起業したときのために、できるだけ多くの体験をしておくべきでしょう。

私は会社を辞めると決めてから、起業後に役立ちそうな仕事を積極的にしていました。たとえば、出世コースに乗るような本流の仕事ではなくても、独立してから役立つ経験ができそうなら、自ら手を挙げてその仕事を引き受けました。

結果的に、この選択は正解でした。

仕事には、出世につながるような仕事と、出世にはつながらないけれども自分の実力がつく仕事があります。

本気で起業を考えているなら、後者の仕事をあえて選ぶことをおすすめします。定年後の起業を目指すなら、40代からこうした工夫と努力をするべきです。そうすれば充分に間に合います。

そして、人脈も大切です。

起業をするときは、取引先や過去に知り合った人のなかで、信頼できそうな人に相談しておくべきでしょう。社内の人に知られると話がこじれるので、社外で探すのが賢明です。

「君が会社を辞めても応援するよ」といってくれる人は、会社を辞めてからも活きてくる人脈です。サラリーマンのうちに、そういう人にできるだけたくさん出会っておくのがベターです。

なかには、手のひらを返したかのように、「会社を辞めるんだったら、あなたにもう用はないな」とハッキリいう人もいます。

つい最近も、大企業で働いていて独立された方が、「いままでは取引先に連絡をしたらすぐに電話に出てもらえたのに、いまでは受付の段階ではねられちゃうんだよ」と嘆いていました。

それが現実でもあるのです。

自分の味方になってくれそうな人をできるだけ見つけておきましょう。

資金と経験と人脈。この3点をつくるのは早ければ早いほどいいのです。40代でもまだ充分に間に合うので、すぐにでもはじめてみてください。

STRATEGY 38

「足るを知る」も覚えていく

40代にふさわしい「お金の使い方」

京都の龍安寺《りょうあんじ》は枯山水《かれさんすい》で有名ですが、建物の裏にある「つくばい」も見逃せません。つくばいとは手水鉢《ちょうずばち》のことで、龍安寺のつくばいは真ん中が四角く掘られ、そのまわりには文字の一部が刻まれています。

これは、「吾唯足知〈われただ足ることを知る〉」という文字を表しているのです。「足ることを知るものは貧しいといえども富めり、足るを知らないものは富めりといえども貧し」という教えです。

スティーブ・ジョブズが若いころから禅に傾倒していたのは、有名な話です。

アメリカで布教に努めていた曹洞宗の僧侶・乙川弘文《おとがわこうぶん》老師に師事し、毎日禅堂に通っていた時期もあります。アップルを設立したあと、会社を辞めて日本の禅寺に出家しようかと考えていたこともあるようです。

また、アップルを飛び出してつくったＮｅＸＴ社では、乙川老師を宗教顧問として招いたほど、ジョブズにとって禅は心のよりどころとなっていたようです。

その思想は、アップルの製品にも表れているといわれています。

アップルは製品の外側のデザインだけでなく、内部のマザーボードのデザインまで美しさを求めました。

アップルの製品がシンプルなデザインなのも、華美を嫌う禅の精神に通じるものがあるのかもしれません。


私の知り合いのある経営者は、会社の経営が軌道に乗ると、まず外車を購入しました。次に会ったときはクルーザーを買ったといい、今度は自家用飛行機が欲しいと話していました。

その話を聞き、「お金を目的にしたらキリがないのだな」とつくづく思いました。

お金を稼ぐのもある程度は必要ですが、「上限」を決めておかないと、いつまでも「まだまだ足りない」と思うのかもしれません。

お金儲けの「上限」を決めないことは、幸せどころか苦しみを招いている、ということになるでしょう。

お金の使い道というのは、意外と限られています。

毎日高級寿司や高級フレンチで満足できるかというと、そうではないでしょうし、また高カロリーなのでかえって体には悪いでしょう。

不動産をいくつも買ったり、車を何台も所有したりしたところで、結局は持て余してしまうだけです。

「起きて半畳　寝て一畳　天下取っても二合半」という言葉がありますが、そのとおりで、やはり、「ほどほど」で満足する心を持つのが一番幸せな生き方ができるのではないかと思います。

■安物をたくさん買うより、いい物を大事に使う

カレーハウスCoCo壱番屋の創業者、宗次徳二《むねつぐとくじ》氏は、生後間もなく孤児院に預けられ、本当の両親を知らずに育ったといいます。

3歳のときに宗次姓の養父母に引き取られたものの、養父がギャンブルにはまり、生活は相当苦しかったようです。

高校卒業後は不動産関連の会社に入社し、その後に独立して喫茶店を開き、やがてＣｏＣｏ壱番屋を立ち上げます。ＣｏＣｏ壱番屋が大成功しているのは、いまさらいうまでもないでしょう。

ところが、ＣｏＣｏ壱番屋が８００店舗まで拡大したところ、53歳にして宗次氏はさっさと後継者に事業を譲って引退してしまいます。

そして、名古屋にクラシック専用の音楽ホールを建てて音楽家の育成に努めているのです。

宗次氏は「お金を自分のために使うのは恥ずかしくてできない」といいます。時計は９８００円、シャツは９８０円のもので、自宅は接待用に少し大きなものを建てたものの、「それさえも恥ずかしいことだ」と語っていました。

あそこまで儲けていながら質素を貫くのは、並大抵のことではありません。それができるのは、「足るを知る」という精神を持っているからではないかと思います。

一方で、**40代にふさわしいお金の使い方というものもあります。**

たとえば、物によっては安物をたくさん買うより、高価な物を買って長く大切に使うことも大人のお金の使い方でしょう。いい物のほうが長く使うことができるので、そのほうがコストパフォーマンスがいいこともあるのです。

要は、お金はメリハリのついた使い方が大切なのです。

お金の使い方がヘタな人は、安い物を、なんとなく、いっぱい買っているものです。

こういうタイプはなかなかお金が貯まりません。

本当に必要な物にはお金をかけて、そうでない物はなるべく買わないか、安くすませる――。それが40歳からのお金の使い方で意識しておくべきことではないでしょうか。

STRATEGY 39

「会計」に強くなる

これから絶対必要な「リテラシー」

「リテラシー」とは、与えられた材料から必要な情報を理解し、活用する能力という意味の言葉です。お金のリテラシーとは、お金に関する知識や判断力だと思ってください。

金融経済教育推進会議（金融庁、消費者庁、文部科学省といった省庁や金融関係の団体でつくられた組織）が、「金融リテラシー・マップ」というものを公表しています。このマップでは、世代別に身につけるべき金融の知識や情報を提案しています。

マップは「家計管理」「生活設計」「金融知識及び金融経済事情の理解と適切な金融商品の利用選択」「外部の知見の適切な活用」の四つに分かれています。

金融取引の基本としての素養の欄では、「小学生が巻き込まれる金融トラブルの実態について知り、消費生活に関する情報を活用して比較・選択する力を身につける」と提案していて、小学生にも投資をすすめるような内容になっているあたり、時代の変化を感じます。

このマップで、社会人は、若年社会人と一般社会人に分かれます。40代は一般社会人になるでしょう。

資産形成商品について、若年社会人で注意すべきなのは、

①リスクとリターンの関係を踏まえ、求めるリターンと許容できるリスクを把握しているか

②分散投資・長期投資のメリットを理解し、活用しているか

という2点です。

これは投資の基本の「き」であり、これを考えずに手を出す人もたしかに多いでしょう。

一般社会人が気をつけるのはこの基本を踏まえつつ、

「分散投資を行なっていても、定期的に投資対象（投資する国や商品）の見直しが必

要であることを理解している」

という、きわめて真っ当な意見です。

このマップを参考に資金計画を練るかどうかは、みなさんの判断にお任せします。ただいえるのは、このような基本的な知識もないまま投資をしたり、ローンを組んだりするのはかなり危険だということです。

銀行や証券会社がすすめる銘柄をそのまま買ったり、住宅メーカーから「老後は家賃を払うのは大変ですよ」とマイホームの購入をすすめられてローンを組んだり、人からいわれるがままにお金をつぎ込んでいる人は気をつけたほうがいいでしょう。

なにかあったときに銀行や住宅メーカーがリスクを負ってくれるわけではありません。リスクを負うのは自分自身なのです。

■「決算書」が読めるメリットは、大きい

私は会社経営をしていますが、勉強しておいて本当によかったと感じることのひとつは、**決算書が読める、**ということです。どんぶり勘定で経営していたらあっという

間に行き詰まるので、必死で勉強しました。

ほとんどの人が財務諸表では損益計算書を重視します。

損益計算書は、売上高から経費を引いた数値が利益になります。これも重要な指標になりますが、さらに、**貸借対照表（バランスシート）を理解できるようになると、お金に対する考え方がまったく違ってきます。**

バランスシートは、企業の「資産」「負債」「資本」を一覧にした表です。この三つがわかることにより、企業の資金の出所と、その資金がどのように利用されているのかが明白になるので、企業の全体的な財務状況を把握できるのです。損益計算書は収益しかわからないので、企業の活動の一部しか把握できません。

決算書は、自分でつくる必要はありません。

しかし、**決算書が読めるようになっておくと、仕事、人生に大きく役立ちます。**投資をしたい企業の決算書を確認するのは基本ですし、取引をしたい企業の財務状況を調べるときにも使えるでしょう。

40代で身につけておいて損のないリテラシーだと思います。

私は、**お金のリテラシーを養うためにも「自分の手を動かす」ことが大事**だと考えています。手を動かすとは、「**記録する**」という意味です。

自分が、なににどれくらいお金を使ったのか、家計簿ソフトなどで管理するのは、やはり基本です。

経済評論家の荻原博子さんは、**毎日家計簿をつけるのは面倒なので、レシートをもらうクセをつけておいて、ノートにどんどん貼っていく**、という方法を提案されています。

給料日にそのレシートを見直して、「前の月よりちょっと食費が増えてるな」「今月は冠婚葬祭の出費が多かったな」と振り返り、「今月は食費を抑えよう」といった計画を立てるのです。これなら、長続きしそうです。

私は、買い物はできるだけクレジットカードですませています。コンビニで数百円の買い物であっても、可能であれば現金を使わずに電子マネーなどで支払います。すると、細かい明細をネットで確認できるので、それをダウンロードすればまったく手をわずらわせずにお金を管理できるのです。

小さな金額をカードで払うのには抵抗があるかもしれませんが、いまはコンビニやスーパーもキャッシュレスで精算するのを推奨する傾向があります。堂々と使ってください。

40代は急な出費がかさむ世代

ところで、成功したければ自分が成功している姿を具体的にイメージする、イメージトレーニングが重要だということは、よくいわれます。私もイメージすることは非常に大事にしていますし、この本でも言及しました。

しかし最近、イメージトレーニングは逆効果になることもある、という調査結果が出たのです。

カリフォルニア大学で行なわれた実験では、毎日数分間、次のテストでいい点を取った自分を思い描いてもらう学生と、いつもどおりに過ごしてもらう学生とに分けて調べたところ、実際にテストでいい点を取ったのは後者だったのです。

それはなぜか。イメージトレーニングをした学生は、それだけで安心してしまい、あまり勉強をしなかったのです。

さらに、最終学年の生徒に、大学卒業後、理想の職場で働いている自分の姿を想像する頻度についてアンケートを取りました。すると2年後、成功した自分を思い描くことが多かった学生は、求人への応募回数も会社からオファーを受けた回数も少なく、ほかのクラスメイトに比べて給与が低かったという結果が出たのです。

これは、**素晴らしい人生をイメージしてばかりいると、途中で困難なことが発生すると「こんなはずではない……」という逃避から、現実の問題に対処できなくなるためではないか**と推察されています。

それでも私は、前述したように、イメージすることは重要だと考えます。

しかし、たしかにイメージをしている〝だけ〟ではダメで、計画を立てて手を動かさないと効果はないのです。

マイホームを買うにしても、家を建て、その家に住んでいる素晴らしい自分をイメージするのは重要です。しかし、それだけではなにも変わらないでしょう。

「その家を建てるためには資金がどれぐらい必要か？　いまいくらあって、どれくらい足りないのか？　足りないぶんをどうやって調達するか？」と考え、書き出すなどして具体的に計画を立てないと、家は建ちません。

とくに40代は冠婚葬祭や家や車のメンテナンスなど、急な出費がかさむ年代でもあります。

さらに、たとえば子どもが留学したいと望んでいるなら、親として叶えてあげたいでしょう。自分たちの親の老後がどうなるのかもわかりません。

そういうときのための蓄えも必要です。

20代や30代は貯金ゼロでもやっていけるかもしれませんが、40代以降ではさすがに厳しいと思います。そのためにも資金計画はしっかり立てて、家族の財産を築いていくべきなのです。

STRATEGY

40

世の中の役に立つ

「成長→貢献→感謝→成長」というサイクルで生きる

「人生はその生涯の40年間で本文を著述し、これに続く30年間において、前者についての注釈を付加する」

これはドイツの哲学者、ショーペンハウエルの言葉です。

さて、みなさんはこの40年間でどのような物語を綴《つづ》ってきたでしょうか。

それは満足する物語でしょうか？

40年間でなにも築き上げてこられなかったなら、注釈を加えるものもないでしょう。

つまり、ある程度人生の結果が見えてくるのが40代だといえます。

そのときに忘れてはならないのが「いかに世の中の役に立ってきたか」という視点です。

本書では、何度も「ギバーになれ」と話してきました。

実は、「人になにかを与える」ことは体にもいいのです。

脳でつくられるオキシトシンという神経伝達物質は、別名「幸せ物質」「愛情物質」などと呼ばれています。

人に親切にするとオキシトシンが分泌され、幸せな気分になれるというのです。たしかに、いいことをしたあとは気分がよくなります。それが医学的に証明されたということでしょう。

そしてオキシトシンは胃腸の機能を活発にし、動脈硬化を防ぐので心臓を元気にするともいわれています。つまり、**人に親切にしている人ほど、健康を手に入れられる**ということでしょう。

オキシトシンは感動したときにも分泌されるそうです。スポーツ選手が優勝したときや金メダルを取ったのを見たときに、私たちが「感動をありがとう！」と感謝したくなるのも、オキシトシンの効果なのかもしれません。昔から「情けは人のためならず」といいますが、親切は自分の体のためにもなるのです。

そして、健康体なら病院にかかることもないので、そのぶんのお金は浮きます。親切はお金を貯めるのにも貢献しているのです。

私は、いままでの本でも、**「誰かの役に立つことでしかお金は稼げない」**と述べてきました。

これからも、その思いに変わりはありません。

■「人を育てる」という意識でお金を使おう

40代はお金の面でも人の役に立てる年齢だと思います。

私は起業するときに、〝エンジェル投資家〟のみなさんにお世話になりました。エンジェル投資家とは、創業初期の起業家に資金を提供する個人投資家を指します。

彼らは、自分が独立したときに苦労したので、若い経営者を支援したいという思いがあり、また若手経営者を育てる喜びを味わいたくて投資をするという話を聞きました。

私は、その団体のビルの一角をしばらく貸してもらったり、事務仕事をしてアルバイト代をいただいたりして、お金の面でかなり助けてもらいました。

そこまでするのは難しいにしても、**たとえば、部下を集めて勉強会を開き、その経費を自分がすべて持つのも、人の役に立つお金の使い方**です。

自宅でホームパーティーを開き、さまざまな肩書の人を呼んで出会いの場をつくるのも、人のためになっているでしょう。

直接的な投資ではなくても、**「人を育てる」という意識でお金を使う、**ということはできるはずです。さらに人になにかを教えるために時間を割くのも立派な投資になります。

私は、生きていることの意味は〝進化すること〟だと考えています。

その進化していくプロセスで、世の中の役に立つのが理想的な生き方です。

人の役に立ち、感謝されるとさらに自分が成長します。

「成長→貢献→感謝→成長」というサイクルが回り続けていけば、いくつになっても人は進化できます。

このサイクルを回していく過程で、時にお金も必要になるでしょう。お金は上手に使えば、必ず何倍にもなって返ってきます。お金として返ってくるかもしれませんし、ビジネスとして返ってくる可能性もあるのです。

いままで自分だけに使ってきたお金の一部を人のために使うようにする。すると、不思議なことにそれを上回るお金が手元に入ってきます。

お金は自分のところで止めておくのではなく、世の中に流動させるようなイメージで使うべきではないでしょうか。そうすることで、再び自分の元に返ってくるのだと思います。

（了）

本書は、小社より刊行した『40歳からのワーク・シフト』を、単行本化にあたり加筆・改筆、改題したものです。

40代《だい》がうまくいく人《ひと》の戦略書《せんりゃくしょ》

著　者――藤井孝一（ふじい・こういち）

発行者――押鐘太陽

発行所――株式会社三笠書房

〒102-0072 東京都千代田区飯田橋3-3-1

https://www.mikasashobo.co.jp

印　刷――誠宏印刷

製　本――若林製本工場

ISBN978-4-8379-4035-7 C0030

本書へのご意見やご感想、お問い合わせは、QRコード、
または下記URLより弊社公式ウェブサイトまでお寄せください。
https://www.mikasashobo.co.jp/c/inquiry/index.html